西北大学藏民国

版权证图录

主编　王旭州　贾希鸣

副主编　刘卫武　张辉　刘亮

图书在版编目（CIP）数据

西北大学藏民国版权证图录 / 王旭州，贾希鸣主编 .
—西安：西北大学出版社，2022.1
ISBN 978-7-5604-4908-1

Ⅰ.①西… Ⅱ.①王… ②贾… Ⅲ.①版权—中国—民
国—图录 Ⅳ.① D923.41-64

中国版本图书馆 CIP 数据核字（2022）第 027765 号

西北大学藏民国版权证图录

主　　编	王旭州　贾希鸣	
出版发行	西北大学出版社	
地　　址	西安市太白北路 229 号	
邮　　编	710069	
电　　话	029-88303059	
经　　销	全国新华书店	
印　　装	西安市久盛印务有限责任公司	
开　　本	710mm×1000mm　1/16	
印　　张	10.25	
字　　数	167 千字	
版　　次	2022 年 1 月第 1 版　2022 年 1 月第 1 次印刷	
书　　号	ISBN 978-7-5604-4908-1	
定　　价	52.00 元	

民国版权证的认识
（代前言）

刘卫武

中国图书版权保护声明，最早可追溯到南宋（1127—1279）时期。约刊印于1190—1194年间的《东都事略》一书，目录后有一长方形牌记，内容为"眉山程舍人宅刊行，已申上司，不许覆板"。[①]此后，各朝刻书都有版权声明出现。元代陈宷刻印的《古今韵会举要》牌记："宷昨承先师架阁黄公在轩先行委刊古今韵会举要，凡三十卷。古今字画音义，瞭然在目，诚千百年间未睹之秘也。今绣诸梓，三复仇校，并无讹误，愿与天下士大夫共之。但是编系私著之文，与书肆所刊见成文籍不同，窃恐嗜利之徒改换名目，苟略翻刻，纤毫争差，致误学者。已经所陈告，乞行禁约外，收书君子，伏幸薄鉴。后学陈宷谨白。"[②]明万历二十九年（1601）刻本《唐诗类苑》牌记："陈衙藏板，翻刻必究"。清光绪三十年（1904）文明书局出版的《欧洲列国战事本末》，正文后印有光绪二十九年（1903）管理大学堂事务大臣、吏部尚书和会同管理大学堂事务大臣、刑部尚书联合署名保护文明书局版图书的告示。

光绪以前的版权保护，多为行政保护或个人声明，对侵权者，法律上无入罪之条文。至清宣统二年（1910）始颁《大清著作权律》，从法律上对版权予以保护。民国肇建，版权保护法律上暂行援用《大清著作权律》。[③]民国四年（1915）北洋政府颁布《著作权法》。民国十七年（1918）南京国民政府颁布《著

① 叶德辉．书林清话 [M]．上海：上海古籍出版社，2012：30.
② 叶德辉．书林清话 [M]．上海：上海古籍出版社，2012：34.
③ 秦锡瑞．著作权律释义 [M]．再版．上海：商务印书馆，1914：附内务部通告．

作权法》，后分别于民国三十三年（1944）和民国三十八年（1949）对该法进行修正。

与现代实行著作权自动保护不同，从1910年至1949年，我国图书的著作权都采取注册形式，也就是说，图书只有在注册成功后才享有著作权。换言之，如果图书不呈请注册，则该图书将处于无著作权状态。"实行注册版权制的国家，如果要求作品出版后履行登记手续方享有版权，则出版日到登记日之间，该作品即暂时进入公有领域，登记后方能逆转。若出版后超过规定时间未登记，则永久处于公有领域。"①

依此观点，图书出版发行后到注册成功期间，其权益将处在被侵害而无法维权的处境，这一点可从民国时期对无注册著作物翻印的司法解释中得到证明。民国二十五年（1936）五月十二日司法院函复内政部咨询著作物注册前后侵权关系中解释道，"著作物通行在二十年以内者，固均许其呈请注册。在未注册以前，他人虽得翻译或翻印，但于注册后，苟仍将其翻译或翻印之著作物发行，即系侵害著作权，依著作权法第二十三条、第十九条、第三十条各规定，自得诉请处罚及赔偿。"②

由于国民政府对著作权注册审查极严，时间较长，有时从呈请到注册成功长达数年。北新书局民国十七年（1928）出版鲁迅《华盖集续编》，民国二十年（1931）九月才取得该书的著作权。③如此长的注册期限，"刁滑者即有可能乘机假冒侵权"④。

民国十七年（1928）公布的《著作权法施行细则》第九条规定："凡已注册之著作物，应于其末幅标明某年月日经内政部注册字样，并注明执照号数。"⑤虽呈请期间并未取得著作权证，但出于保护呈请期间著作物免遭侵害，此阶段出版的图书有些在版权页印有"有著作权翻印必究"等字样。如民国二十二年

① 郑思成，等.知识产权法教程 [M].北京：法律出版社，1993：353.
② 吴永贵.民国时期出版史料汇编：15册 [M].北京：国家图书馆出版社，2013：248.
③ 吴永贵.民国时期出版史料汇编：21册 [M].北京：国家图书馆出版社，2013：119.
④ 周林，李明山.中国版权史研究文献 [M].北京：方正出版社，1999：164.
⑤ 本书汇编组.中国百年著作权法律集成 [M].北京：中国人民大学出版社，2010：19.

（1933）开明书局出版的茅盾《子夜（普及本）》，版权页上有"有著作权不准翻印"字样，版权页别处有"本书已照著作权法呈请内政部注册"说明。从法律角度讲，这一声明是毫无意义的。对于这种现象，民国三十三年（1944）公布修订《著作权法》，其第三十四条规定："未经注册之著作物，于其末幅假填某年月日业经注册字样者，处二千元以下罚金。"①随之修订的《著作权法施行细则》第十一条讲得更明白："未经注册而刊载'有著作权翻印必究'等字样之著作物，应于本法施行后一年内补行注册或删去该字样，否则依本法第三十条之规定处罚之。"②

为了在呈请期间既不触犯《著作权法》之规定，又达到保护著作物的权益不受到侵犯，多数图书的版权页使用了"版权所有""版权所有不许翻印"等保护声明。民国时期出版的图书版权页上的权益保护声明，有"有著作权"和"版权所有"之分。从法律角度讲，二者适用的法律对象不同。著作权的调整属于《著作权法》范畴，版权的调整属于《出版法》范畴。民国三十七年（1948）重印的《国语辞典》对版权的解释为："著作者或出版家，根据出版法享有之权利，谓之版权。"③由于在图书"重制"权的保护上二者功能重叠，是以民国时期人们对二者的区分并不十分严格。如民国时期著名出版人王云五在其所编的《中外图书统一分类法》中，便将二者同归于"655.6 著作权；版权"类下。④

尽管著作权和版权在保护作品的"重制"权方面功能相同，但二者还是有区别的。著作权注重于著作者作品的精神权利保护，而"版权和出版关系密切。它相对来讲比较注重出版权利的保护，通过出版传播发行才能体现作品作者的权利，即主要是经济方面的权利"⑤。

民国时期历次颁布的《出版法》中对于版权侵害均无处罚条文。民国二十年（1931），内政部曾就如何保护无著作权之图书的权益，通过行政院向司

---

① 本书汇编组 . 中国百年著作权法律集成 [M]. 北京：中国人民大学出版社，2010：25.
② 本书汇编组 . 中国百年著作权法律集成 [M]. 北京：中国人民大学出版社，2010：27.
③ 中国大辞典编纂处 . 国语辞典：第一册 [M]. 上海：商务印书馆，1948：93.
④ 王云五 . 中外图书统一分类法（简编本）[M]. 上海：商务印书馆，1939：72.
⑤ 李明山 . 中国古代版权史 [M]. 北京：社会科学文献出版社，2012：2.

法院函咨，请求司法解释。问题有二：一是无著作权之古籍为今人插图印行，能否取得著作权；二是"查著作权无版权之规定，而版权与著作权性质上又似有别。恒无著作权之古籍经人特制精版翻印发行，虽不能享有著作权，而于版权似应有保障办法，于此场合应如何据办？"[1]遗憾的是，司法院在司法院院字第四五七号复函中只对第一个问题作出了司法解释，而对第二个问题没有答复。[2]

虽然民国时期对图书的版权保护没有见于法律条文，但在实践过程中我们通过有关文献可得到图书有版权保护的证明。如民国二十三年（1934）四月大华书局出版钱穆的《孟子要略》一书，在版权页上有"本书有著作权及版权不准抄袭及翻印"字样。民国十九年（1930）七月公布的《上海市书业同业公会章程》第三章第九条第五款要求公会各会员"不侵害他人之著作权及版权"[3]。民国十九年（1930）十二月颁布《出版法》后，狷公在民国二十年（1931）7月出版的《中国新书月报》第一卷第八期著文《看它横行到几时的"翻版书"》，文中讲道，"并且现在内政部已根据新颁《出版法》实行办理书报登记了，往后的出版物，都合于《著作权法》第一条之规定，而有起诉权。"[4]民国二十四年（1935）华北科学社出版的《汉译范氏大代数》版权页上有"版权所有翻印必究"及"已遵照出版法送呈内政部备案"字样。

民国十七年（1928）颁布的《著作权》第二十条规定，"法令约章及文书案牍"不享有著作权。民国二十四年（1935）上海会文堂新记书局出版的《现行六法全书》，其版权页有"版权"字样声明，此亦表明无著作权图书可受版权保护。

---

① 吴永贵 . 民国时期出版史料汇编：15 册 [M]. 北京：国家图书馆出版社，2013：228.
② 笔者查阅了 1934 年上海法学书局出版的《司法院法令解释总集》中的司法院院字第四五七号，亦无对第二个问题解释内容。
③ 吴永贵 . 民国时期出版史料汇编：16 册 [M]. 北京：国家图书馆出版社，2013：272.
④ 吴永贵 . 民国时期出版史料汇编：20 册 [M]. 北京：国家图书馆出版社，2013：9.

一、民国版权保护声明的主要表现形式

（一）无版权声明

在民国出版的一些图书版权页上，找不到任何版权声明的文字。无版权声明并不代表这些图书放弃了版权，可任人翻印。民国二十四年（1935）内政部咨询司法院颁布的《著作权法施行细则》第一条第二款规定"著作人自愿任人翻印仿制者"是否要有正式明示。司法院院字第一四四九号函复："《著作权法施行细则》第一条第二款所谓'著作人自愿任人翻印仿制'，其意思表示并无一定方式，亦不以明示为限。苟一切情事可推断其有许任何人'翻印仿制'之意思者，即合于该款之规定。"[①]此解释表明，无版权声明的图书，可能有任人翻印的意思，也可能有不许他人翻印的意思。如果以无版权声明便认定其放弃版权，任意翻印，极可能造成侵权。放弃版权意味着放弃经济利益，如无经济利益存在，则可视为放弃允许他人翻印；如有经济利益存在，则不允许他人翻印。如民国十七年（1928）北新书局再版柳亚子和柳无忌的《苏曼殊年谱及其它》，其版权页无任何版权声明，但从编者与北新书局关于此书发生的版税纠纷看，此书是有版权的。

（二）完全放弃版权声明

有些作者或出版者为弘扬文化、传播知识，不以经济利益为目的，在版权页明确表示其著作放弃版权，任人翻印。民国二十二年（1933）伍非百的《墨子大义述》的版权页有"本书放弃版权任人翻印"字样；鲁迅为促进中国木刻版画事业的发展，民国二十五年（1936）以三闲书屋名义自费出版《凯绥·珂勒惠支版画选集》，在其版权页上声明"有人翻印，功德无量"。

（三）放弃部分版权声明

放弃部分版权，一是允许部分特定对象对本书进行翻印。如民国三十七年

---

① 吴永贵. 民国时期出版史料汇编：15 册 [M]. 北京：国家图书馆出版社，2013：230.

（1948）"孙总理侍卫同志社"出版的叶夏声的《国父民初革命纪略》，版权页有"本书除本党中央党部得翻印外，非得著者同意，不许复制。无论何人不得私行删改"；二是只开放版权，允许别人进行翻印，但不能照原编辑体例出版。如民国二十八年（1939）新阵地图书社出版的《蒋百里文选》，版权页有"注意　本书并无版权，欢迎各界翻印，使蒋氏学说，得以广布，裨益当代。惟编辑体例，如一仍其旧，则事前须函征本社同意。"

允许特定对象对图书翻印仿制，并不意味着任何人都可以翻印，这一点司法院院字第一四四九号解释得非常清楚，"若仅有许特定人翻印仿制之事实，尚难推断其有许任何人翻印仿制之意思"[1]。

（四）一般版权声明

此类版权声明最为常见，通常在版权页上标有"版权所有，不许翻印"或"版权所有"等字样。此类声明并不明确版权归属。若为作者自己私人出版，则此版权自然归作者所有。若为委托出版机构出版，依照中华民国《民法·债编》第九节第九百一十六条第一项规定，"著作人之权利，于契约实行之必要范围内，移转于出版人。"[2]此规定表明，在出版契约有效期内，图书的版权为著作人与出版者所共有。在版权受到侵权时，无论著作人还是出版者，都可自行对侵权者提起诉讼。民国二十五年（1936）上海书业同业公会就《民法·债编》第九节第九百一十六条第一项规定，咨询"著作人是否得于出版契约内上将其对于侵害人提起诉讼之权利，移转于出版人，在著作权受侵害时，由出版人代表著作人对侵害人提起诉讼"。司法院院字第一六四八号解释："《民法》第五百一十六条所指著作人之权利，其对于侵害人提起诉讼之权，应解为系在其必要范围之内。……故无论出版契约，就此有无订定，出版人均得以前述规定，对于侵害人提起诉讼。"[3]

---

[1] 吴永贵.民国时期出版史料汇编：15 册 [M].北京：国家图书馆出版社，2013：230.

[2] 六法全书 [M].吴经熊，校勘.上海：会文堂新记书局，1935：82.

[3] 吴永贵.民国图书出版史编年 [M].北京：社会科学文献出版社，2018：938.

（五）归属版权声明

一本书的版权所有者，可能是作者，也可能是出版者或其他个人或团体法人。原始版权拥有者为作者，对于其版权的使用可分为三种形式：一是授予出版者发表权，版权归作者所有，出版者不享有版权。如民国二十六年（1937）正中书局出版的蒋介石的《西安半月记》与宋美龄的《西安事变回忆录》合订本，正中书局只有发表权，而无版权。"惟中文本为保留各方异日自由刊印之权起见，仅许正中书局专印三年。…… 但此书稿费，每元仅有三字，而且仅有三年的发表权，不是出版权，这是国内稿费价格的最高记录。"[①]二是作者与出版者订立出版契约，出版者取得出版权。"出版权者，出版人本诸出版契约，而取得行使著作人专有著作物重制利益之一种形成权也。盖著作物重制之利益，本属著作人所专有。若出版人欲出版他人之著作物，则须与该著作物之著作人结缔出版条约，据以取得其专有重制之利益，始可独占的利用该著作物而出版也。"[②]此情形下，版权为作者与出版者所共有。三是将版权出售于出版者。版权一经售出，则版权为出版者所独有。如鲁迅将著作《二心集》出售给合众书店，后合众书店将《二心集》删改得一塌糊涂，鲁迅也无可奈何。

归属版权声明明确了版权所有者，以便在必要时与版权者取得联系。

归属版权声明通常有三种形式：一是文字声明。1949年新中国书局出版的《批评论文选集》，版权页载有"本书版权归新中国书局所有"字样；民国九年（1920）华星印书社再版的《中国社会政策》，版权页有"版权所有"声明，在"版权所有"花边四角，有"华星书社"字样，此表明版权为华星印书社专有。二是在"版权所有"处印有出版者的商标。如民国三十六年（1947）读书出版社出版的《精神分析学与辩证唯物论》，版权页有一幅画，一位男青年背靠灯柱夜读，在画面下方有"版权所有"字样，此画面为读书出版社的注册商标；民国二十五年（1936）申报馆出版的《儿童之友》第一集版权页在版权声明花

---

① 吴永贵.民国时期出版史料汇编：19 册 [M].北京：国家图书馆出版社，2013：22.
② 戴修瓒.民法债法各论：上卷 [M].上海：会文堂新记书局，1933：191.

边方框四角印有"版权所有"，中间印有申报馆的注册商标。三是民国时期图书版权页上使用的版权证。

二、 版权证

（一）版权证的意义

清光绪末年，版权证的使用由日本传入中国。随着清宣统二年（1910）《大清著作权律》及民国《著作权法》的颁布，国人版权保护意识加强，越来越多的人在出版著作上使用了版权证。中国版权证的使用主要在民国时期，在此期间留下了许多版权证，其中不乏名家。有些版权证是作者为版权保护而特地设计的印章，在其他地方很难见到，弥足珍贵。民国图书版权证中"所含有的艺术价值， 对其进行必要的保护可以为研究其艺术价值提供更鲜活的范本。"[1]因此，民国时期的版权证不论是对研究近代中国版权保护，还是就其篆刻艺术而言，都不失为珍贵的史料。

所谓版权证，是版权所有者（包括个人、法人团体）在版权页的版权声明——"版权所有"处或作者姓名处钤盖或粘贴的印章。有些版权所有者为了产生审美效果，特地设计制作某种美术图案；有些则设计为邮票样式，然后在图案上钤盖印章，贴于版权声明处，此种图案加印章的形式俗称"版权票"。 这些印章和版权票的规范名称叫"版权证"。 民国二十一年（1932）商务印书馆出版的查理·斯密的《小代数学（第二版）》，版权页贴有版权票一枚，通票红色，票面印有"上海商务印书馆有限公司"及公司英文名称，中央印"图书版权证"。民国二十五年（1936）十一月商务、中华、世界、中正、大东、开明和北新七家书局联合出版的《民众学校课本（初版）》第一、二册合订本的版权页贴有一枚版权票，票面四角印有"版权所有"，中央印有七家书局名。版权页上印有由花边围成的一正方形，内印"贴版权证"四字。版权票便贴于此正方形处。

版权票规范名称为"版权证"，亦见于当时有关文献记载。萧红在《鲁迅先生生活忆略》一文中提道，"有一次××先生的太太来拿版权证的图章印花，

---

① 赵辉.民国图书版权票保护初探 [J]. 沧桑，2013（5）：28.

鲁迅就是从立柜下边大抽屉里取出的。"①鲁迅的作品，在鲁迅生前多由北新书局出版。在北新书局出版的鲁迅作品版权页，贴有鲁迅印章。

版权证亦称"版权印花"，简称"印花"。民国三十七年 (1948) 春明书店出版中华全国文艺协会编辑的《现代作家文丛》，版权页盖有"中华全国文艺协会总会"印章，盖印处四角印有"版权印花"四字。

（二）版权证的功能

（1）版权声明。版权证属于归属版权声明的特殊形式，它是"图书'版权所有'的物化标志。"②它的"功能相当于西方的版权标志©"③。

（2）版税收益的依据。版权证最初的作用是用来计算出版者向作品版权所有者支付版税的依据，在作品版权所有者与出版机构约定出版著作的印刷册数后，为防出版机构多印少付作者版税，作品版权所有者在版权页钤盖或粘贴图章作为防范措施。

关于在出版物上使用版权证的出版合同，最早见于商务印书馆与严复在光绪二十九年（1903）订立的出版严复译爱德华·甄克思《社会通诠》的出版合同，合同中明确规定："此书另须粘稿主（严复）印花，如无印花，察系印主（商务印书馆）私印者，罚洋贰千伍百圆，此约作废，听凭稿主收回版权。"④清宣统三年（1911）清政府学部《札行本部颁发各书翻印办法文》，对翻印学部审定的高、初小学用书所使用印花的要求、形式和版税都有规定，"每册上黏贴本部印花并于印花骑缝处加盖该局、店圆式图章，以便稽查。""本部印花按小学等级分为各种，如下：

初等小学教科、教授书　红色

女子初等小学教科、教授书　橙黄色

高等小学教科、教授书　绿色

① 萧红 . 又是春天：萧红散文经典 [M]. 长春：吉林出版集团股份有限公司，2017：109.

② 张泽贤 . 民国版本收藏断想及其他 [M]. 上海：远东出版社，2016：113.

③ 李明山 . 中国近代版权史 [M]. 开封：河南大学出版社，2003：56.

④ 中国现代出版史料：丁编（上）[M]. 张静庐，辑注 . 上海：上海书店出版社，2011：书影：24.

女子高等小学教科、教授书　黄绿色"。

"各省领取本部印花票，如领万枚须缴印花费五十元。"①

民国十九年（1930）三月昆仑书店初版钱铁如译日本人河上肇的《新经济学之任务》一书，版权页钤盖了红色方形"铁如版税之章"。

（3）防盗版。随着盗版书的出现，版权证又作为一种防范盗版措施而被广泛使用，其版权保护意义超过了最初版税收益凭据的意义。所以，在民国时期一些图书版权页上，除了盖、贴有版权证外，在版权声明处还印有"注意：本书盖有本局版权图章，否则即系盗版，望各同业注意"；"注意：本书贴有本店检印并加盖著（译）者图章，否则即系盗版，望各同业注意"；"无此章者，作翻印论"等字样。

民国时期，有一种"真实"的盗版书。有些作者自费出版著作，印刷者在制版时，多制一书版。印刷完成后，将书版交与出版者，而将多制的书版自己私下印刷，售卖见利。为了防止印刷者盗版，作者在版权页上盖、贴自己的私章，保护自己的权益。著名学者李宗吾在民国二十五年（1936）自费出版的《中国学术之趋势》及民国二十七年（1938）自费出版的《心理学与力学》及《厚黑丛话（第二版）》版权页上所钤盖的手章，就起到了这种作用。

版权证（印花）的使用，一是增加盗版者的经济成本，二是版权证具有印花性质，伪造会增加盗版者的犯罪成本，"因为翻版者于翻印书籍之后，欲'以伪乱真'，或许必需连同伪造印花。而伪造印花之罪，在《刑法》上，系科以三年以下六月以上之徒刑，非若《著作权法》仅科翻印者以五百元以下五十元以上之罚金已也。"②

（4）对抗著作权。民国时期，同一著作在著作权与版权的归属上，有时处于分离状态，即各属于不同的对象。如鲁迅的《呐喊》《华盖集》等在北新书局出版的著作，其著作权注册拥有者为北新书局，而版权则归鲁迅。造成这一现象的原因，是为了在出现盗版侵权时，由书局出面提起法律诉讼较为方便。

① 上海商务印书馆.大清新法令（1901–1911）：第11卷（点校本）[M].北京：商务印书馆，2010：178.

② 吴永贵.民国时期出版史料汇编：20册[M].北京：国家图书馆出版社，2013：10.

但这一现象有时会造成两者的法律纠纷。如鲁迅身故后，许广平为出版《鲁迅全集》，曾与北新书局有过鲁迅著作的版权冲突。

因存在二者权属分离，易造成纠纷，故在民国三十三年（1944）修订的《著作权法》第十九条规定：

"著作物经注册后，其权利人得对于他人之翻印仿制或以其它方法侵害利益，提起诉讼。

著作物在申请注册尚未核发执照前，受有前项侵害时，该著作物所有人得提出注册申请有关证件，提起诉讼，但其注册申请经核定驳回者，不适用之。

前二项规定于出版人就该著作物享有出版权者，不适用之。"[①]

该条第三项规定明确表示，著作权人不能以注册为由而认为自然拥有该著作的版权。

版权对抗著作权另一证据，见于民国时期的法律解释。对于在著作物上作者用个人姓名，而由官署、法人或团体注册为著作权所有人，其著作权享受保护年限是按个人著作权终身保护，还是按团体作者著作权保护年限为三十年的疑问，国民政府司法院民国二十四年（1935）十一月二十九日以院字第一三六六号复内政部函解释："著作物用著作人之真实姓名，由官署、法人或团体等呈请注册为该著作权之所有人，究与著作物单纯用官署等名义者不同，其著作权享有之年限应以著作人就该著作物注册后，是否仍享有何种利益定之。若系由著作人将著作物全部转让于官署、法人或团体，不再享受何种利益，则著作权已全属于官署、法人或团体，其享受之年应以著作权法第七条之规定为三十年。倘著作人于法人或团体呈请注册后，仍享受著作物之利益（如抽收版税等），则著作权与原著作人并未脱离关系，应以同法第四条、第五条之规定为其享有之期间。"[②]

此处著作权法为民国十七年（1928）颁布的《著作权法》，其第四条规定，"著作权归著作人终身有之，并得于著作人亡故后，由承继人继续享有三十年"。第五条规定，"著作物系数人合作者，其著作权归各著作人共同终身有之，著

---

① 本书汇编组. 中国百年著作权法律集成 [M]. 北京：中国人民大学出版社，2010：24.
② 吴永贵. 民国时期出版史料汇编：第 15 册 [M]. 北京：国家图书馆出版社，2013：231.

作人有亡故者，由其承继人继续享有其应有之权利"。

从司法院解释看，著作权和版权在利益上出现冲突时，法律考量上优先考虑版权的利益。对于司法解释中的"抽收版税"利益的考量，版权证的版税收益依据功能在这时完全体现了出来。正是鲁迅在北新书局出版自己的著作上贴有版权证，有版税收益的存在事实，其在北新书局出版的著作，虽著作物的著作权人注册为北新书局，但实质上其著作物的著作权与鲁迅并未脱离关系，故最后由许广平收回北新书局出版鲁迅著作的版权。

（三）版权证的表现形式

版权证的表现形式，就笔者目前所见可分为贴、钤、印、压四种。贴即将版权者的印章钤盖于纸上，使用时剪下贴于版权页上，如郁达夫自制的版权票，及郭沫若、钱穆、钱用和等人的版权证。钤是将版权者的印章直接钤盖在版权页上，如范文澜、熊得山、程希孟等人的版权证。印是将版权者的印章直接印刷在版权页上，如1948年东北光华书局出版的《鲁迅全集》版权页上鲁迅的版权证。压是用硬印，即钢印在版权页上压印出版权证，此方式见于广智书局光绪三十一年（1905）出版的《今世欧洲外交史（上卷）》版权页。

钤印通常不借他人之手，由作者自己或委托信得过的人钤盖。贴印一般将在纸（票）上盖好的印章交于书局，由书局贴之。有些书局会把贴印按进书量多少，交于经销商，由经销商出售时贴之。所以，我们时常能看到有的贴印存在贴斜或贴倒的现象。

（四）版权证的内容

同时期的日本著作权法规定，作者在出版著作时，所出版的著作必须用真实姓名。所以，日本的版权证内容为作者的姓名、姓或名。而民国时期的中国著作权法并无此规定，作者时常以各种笔名出版著作，其版权证的内容相对于日本版权证的内容显得丰富。

（1）真实姓名。版权证的内容与出版物上的作者姓名相一致。如民国十一年（1922）商务印书馆出版的梁启超的《墨经校释（初版）》，在版权页"著者新会梁启超"处钤盖有梁启超手章一枚，阳文，印文为楷书"梁启超印"。

（2）别名。作者在使用版权证时，版权证的内容与出版物上作者姓名不一致，但与作者姓名关联密切。如民国三十三年（1944）四川大学出版组初版的《中国土地法论》上卷第一册，作者为余群宗，版权页版权声明处盖有"关都"印章。余群宗别名余关都。

（3）斋号。用斋号作为版权证。如民国八年（1919）卓宏谋自刊初版的《蒙古鉴》的版权页，版权声明处钤盖印章一枚，印文为篆书"养和私章"。卓宏谋的斋名为"养和书屋"。民国二十二年（1933）人文书店初版沈启无《人间词与人间词话》，在版权页钤盖有沈启无的斋号印，朱文，印文为篆书"闲步庵"。

（4）笔名。作者在出版的著作上使用真名，在版权证上则用笔名。如民国二十三年（1934）人文书店出版的黎锦熙、白涤洲《国音分韵常用字表》（又称《佩文新韵》），在版权页"版权之印"处钤有印章一枚，方形，白文，印文为篆书"瑟涧斋印"。黎锦熙笔名有"瑟涧斋主人"。

（5）名。版权证只有作者的名而无姓。如民国十一年（1922）中国新闻社刊行的任白涛《应用新闻学（初版）》，版权页版权声明处钤盖方形印一枚，印文楷书"不许翻印"。在作者任白涛处，钤盖有淡紫色"白涛"印。

（6）姓。版权证只有作者的姓。如民国十八年（1929）社会经济学会出版的郭真《现代日本讲话》，版权页贴一"郭"字圆印。

（7）字。版权证为作者的字。如民国二十年（1931）北京文化学社出版的范文澜《正史考略（初版）》，版权页版权声明处钤盖范文澜印章一枚，朱文，印文为篆书"仲沄"。范文澜字仲沄。

（8）藏书印。把藏书印作为版权证使用。如民国二十年（1931）改造与医学社出版的姚伯麟《最新各科危险症救急疗法》，在版权页"版权所有严禁翻刊无此印者即系伪版"处钤盖"古秦鹿原姚氏珍藏图书之印"。

（9）版权印。版权证为专为版权声明而刻制的印章。如民国二十二年（1933）朴社出版的顾颉刚《高似孙子略（第二版）》，版权页贴有顾颉刚版权印一枚，白文，印文为篆书"顾颉刚版权印"。

（10）闲章。版权证的内容与版权声明无明显关系，为作者的闲章。如民国三十七年（1948）龙门联合书局出版的卢怀道、季振宇、钱辉窐译的《会计学原理（中级）》。民国三十六年（1947）龙门联合书局出版的卢怀道、王哲镜译的《会计学原理（初级）》（初版），版权页版权声明处贴有印章一枚，方形，朱文，印文为篆书"石田稽夫"。卢怀道为江苏如皋县石田乡人，"石田稽夫"表明其出身。民国三十七年（1948）再版卢怀道，王哲镜译的《会计学原理（初级）》，其版权页版权声明处贴有"天马明驼"印章。民国二十年（1931）大江书铺出版的陆侃如、冯沅君的《中国诗史》，版权页上贴有印章一枚，白文，印文为一篆书"珏"字。"珏"为一对白玉之意，表达夫妻二人的志向。

（五）版权证的确认

版权证通常钤、贴于版权声明——"版权所有"处，在此处钤、贴的作者手章、笔名章、版权章和版权票可以确认为作者的版权证。然而，在流通的民国图书中，在版权声明处有时所钤盖的印章，并不一定是作者的版权证。某些图书在出版时并没有版权证，有的读者购书后，在版权声明处钤盖自己的手章及藏书章等，这种情况我们在整理民国文献中时有发现，如果不仔细辨别，很可能会造成误认。

在遇到版权页钤盖的闲章、藏书章或难以判明与作者关系的印章时，我们可以借助旧书网等相关途径获得的资料就其是否为版权证作出判定，如果他处所藏同一版本同处有同印章者，则可确定其为版权证。如现代著名历史学家梁敬錞（1892—1984）的版权证为闲章，朱文，印文为篆书"梅华"。由于此印仅钤盖在民国八年（1919）亚洲文明协会出版的梁敬錞、林凯的《欧战全史》（上册，初版）版权页上，起初很难确定其为梁敬錞的版权证。经考证，他处所收藏的同一版本且在相同地方亦钤盖有此印，所以，"梅华"非为他人印章，实为梁敬錞的版权证无疑。民国三十七年（1948）龙门联合书局出版的卢怀道等译费南（Finney H.A.）的《会计学原理（中级）》，版权页贴有"天马明驼"闲章。有人将此章识读为"天马明驰"。"驼"亦作"駞"，"驰"为"駞"误读，明驼是北魏鲜卑民族文化传说中的一种神骏灵异的骆驼，能日行千里，此章表明作者的抱负。民国二十年（1931）北平文化学社出版董鲁安（1896–1953）的《修辞学》（第三版，初版名《修辞学讲义》），版权页版权声明处钤盖有董鲁安印一枚，朱文，印文为篆书"董鲁安三十岁前未定草"。此章既见于他处所藏的同版次书，又见于民国十五年（1926）文化学社出版的《修辞学讲义》，因此，可以确认其为董鲁安的版权证。因该书完成于民国十四年（1925），所以印文中有"三十岁前"之语。再如，民国元年（1912）上海大共和日报馆发行的章炳麟的《国故论衡》（第二版），馆藏本版权声明处钤盖"盘龙斋藏书钤记"印一枚。"盘龙斋"非章太炎斋号，且其他同版书的版权声明处并未钤盖印章，因此，该印非章太炎的版权证。

版权证的使用，虽从日本传入中国，但溯其源，实为从中国古代版权保护措施演变而来。中国古代禁日历私自印售，元太史院在所颁行日历上盖有印信，"如无本院历日印信，便同私历"。明末读书坊刻《徐文长文集》，在题名页钤盖有朱文印章，印文楷书"杭城官巷口南首读书坊钟畏侯发行"。这些都是版权证的雏形。

三、版权证研究的意义

（一）为研究清末版权保护实践提供实证数据

尽管中国在清宣统二年（1910）颁布《大清著作权律》，开始从法律上对版权进行保护。但在此以前，民间的版权保护意识很浓。清光绪三十三年（1907），广东丰顺县请英国长老会牧师蔡融测绘本县地图，"订约交付出版费五百元，版权归测绘人所有"。[①]光绪三十年（1904）严复在商务印书馆出版的《英义汉诂》中首先使用了个人版权证。光绪二十九年（1903），作新社、广智书局、文明书局在自己的出版物上使用了本社（局）的版权证。这些版权声明措施，对《大清著作权律》的出台有着积极的影响。

（二）为研究南京国民政府时期《著作权法》的修订背景提供研究数据

南京国民政府于民国十七年（1928）颁布《著作权法》，民国三十三年（1944）和1949年进行了两次修正。民国三十三年（1944）的《修正著作权法》

---

① 新修丰顺县志：卷三 [M]. 民国三十二年（1943）铅印本 . 汕头：汕头铸字局梅县分局承印：13.

第十九条第三项"出版人就该出版物享有出版权者，不适用之"的规定，无疑受到版权证作用的影响。

（三）为研究新中国成立前中国共产党人的版权保护态度提供实证研究数据

关于红色出版物的研究，就笔者所见，仅局限于对新中国成立前中国共产党各时期、各革命根据地的出版物自身研究，而没有见到有关新中国成立前中国共产党对版权保护的研究。

延安时期以前，中国共产党人在国统区建立了昆仑书店（创办人李达等）、平凡书局（创办人高尔松）等出版机构。

昆仑书店 1929 年 3 月出版的朱应会译日本人木村毅《世界文学大纲》（初版），在版权页除声明"版权所有"外，版权声明处还贴有朱应会的版权证。1929 年 11 月出版的李达译塔尔海玛《现代世界观》(第二版)，在版权页除有"版权所有"声明外，在版权声明处还钤盖有"李达版权之章"。另在版权页有"注意：本书贴有本店检印并加盖译者图章，否则即系盗版 望各同业注意"字样。

平凡书局为共产党人高尔松所办。高尔松，笔名高希圣，1924 年经沈雁冰介绍加入中国共产党。1927 年大革命失败后，流亡日本，与中共党组织失去联系。1929 年回国，在上海从事进步文化出版事业。创办平凡书局，主要出版社会科学著作，如《唯物史观大纲》《列宁主义基础》等，后被国民党当局以宣传赤化为由查封。

平凡书局的出版物，除在版权页声明"版权所有"外，在一些出版物上还加盖平凡书局之印。该书局 1929 年 10 月初版高希圣译的《科学的社会主义》，在"版权所有"处钤盖有"平凡书局"印章。1929 年 12 月初版李季的《马克思传》（上编第一册），在版权所有处贴有"李季"印章。

这一时期，中国共产党人的个人版权保护意识也得到体现。

冯雪峰（1903—1976），1927 年参加中国共产党，曾任中共江苏省委宣传部部长、中共中央党校副校长。1934 年参加长征。1930 年大江书铺出版的冯雪峰《现代欧洲的艺术》（初版），1929 年水沫书店初版和 1930 年再版冯雪峰的《文学评论》，版权页盖有"雪峰"之印。

蒋光慈（1901—1931），1921 年赴莫斯科东方共产主义劳动大学学习，次年加入中国共产党。回国后，参加中国共产党北方区执行委员会工作。曾任《海风周刊》《新流月报》主编，上海大学教授，"左联"常务委员会候补委员。1931 年病逝。1957 年被安徽省民政部门追认为革命烈士。

北新书局出版的蒋光慈《冲出云团的月亮》（1930 年 1 月初版，1930 年 5 月第五版，1930 年 6 月第六版），1933 年上海新文艺书局出版的蒋光慈《乡情集》（初版），1928 年上海现代书局出版的蒋光慈《哭诉》（初版），上述图书的版权页均贴有"光慈"印章。

延安时期的革命根据地和国统区的共产党人，对于在国统区出版的著作，除在出版物版权页注明"版权所有不许翻印"和"本书有著作权，翻印必究"等版权声明外，还采用版权证来保护自己的版权。

吕振羽（1900—1980），1936 年 3 月加入中国共产党，延安时期中国共产党内著名的马克思主义历史学家。在加入中国共产党前，吕振羽就重视版权保护。1929 年 6 月北平村治月刊社出版的吕振羽《中国外交问题》，版权页除有"有著作权"声明外，在版权声明处还钤盖有"吕振羽章"手章。入党后，吕振羽依然有着版权保护意识。1936 年 11 月上海不二书店出版吕振羽的《殷周时代的中国社会》和 1937 年 6 月上海黎明书局出版吕振羽的《中国政治思想史》，它们的版权页在"不准翻印"处分别钤或贴有"振羽版权之章"。

中国共产党人版权证的实践，为研究红色出版物提供了新的研究方向。

（四）为研究篆刻艺术提供资源

某些版权证印是专为版权保护而特意设计的，且多为各界名人所有。这些版权证印篆刻精美，流传极少，可为研究篆刻设计艺术提供丰富的资源。

（五）版本鉴定

民国时期盗版泛滥，所以，版权证成为版本真伪鉴定的重要依据。有些正版图书在排版时出现错误，盗版书在盗印时将错误进行了改正，结果弄巧成拙，反而露出马脚。1929 年光明书局初版谭正璧《中国文学进化史》（初版），所见版本有两种：一种为栗色封面，一种为红色封面。二者的出版时间、初版印数完全相同，唯付印时间前者为"中华民国十八年七月十二日付付"，后者为"中华民国十八年七月十二日付印"。显然，前者排版时将"付印"误排为"付付"。然而在版权声明处，前者钤盖有"正璧著作"印，而后者无此印，故可判断后者为盗版。

　　图书版权证是民国时期版权保护的一种特有形式，随着时间的推移，有些版权证已经严重褪色或破损。作为不可再生资源，亟待对其进行抢救性保护，本图录出版的初心尽在于此。

　　　　　　　　　　　　　　　　　　　　　　　刘卫武

　　　　　　　　　　　　　　2021 年 10 月 20 日于西北大学长安校区

凡　例

一、《西北大学藏民国时期版权证图录》（以下简称"图录"）所依据的图书皆为西北大学藏民国时期的原版图书。

二、本图录只选取版权页。

三、同一作者有不同形式版权证者，只取其一种。

四、每一证主为一条目，条目按作者姓氏汉语拼音字母顺序排列。

五、每一条目下，分为证主简介、版权证考、印章释文和印章赏析四部分。

六、版权证考部分所涉及的证主有不同形式版权证者，仅为编者通过不同信息源所获知，不能反映证主所使用过的所有版权证形式。

七、版权证考部分所涉及证主的著作出版时间非公元纪年者，均换算为公元纪年。

八、证主姓名使用读者熟知的姓名。例如：用"苏雪林"，不用"绿漪女士"；用"鲁迅"，不用"周树人"。

九、版权证印的规格为宽×高，圆形印章规格为直径，长度单位均为毫米（mm）。

十、为方便读者，印章释文使用简化字。

十一、出于保护文献的完整性，一些版权证不能完全展现其全貌者，不做物理特殊处理。

十二、为反映版权证使用的历史，本图录收入少量清末和新中国成立初期的版权证。

目 录
contents

1 百城书舍 / 1

2 陈澄之 / 2

3 陈崇祖 / 3

4 陈振鹭 / 4

5 程联 / 5

6 程希孟 / 6

7 戴坚 / 7

8 戴望舒 / 8

9 邓初民 / 9

10 范文澜 / 10

11 冯雪峰 / 11

12 傅佩青 / 13

13 高良佐 / 14

14 高深 / 15

15 高希圣 / 16

16 故宫博物院 / 17

17 顾颉刚 / 19

18 光明书局 / 21

19 郭沫若 / 22

20 郭湛波 / 23

21 郭真 / 24

22 国立编译馆 / 25

23 国立华北编译馆 / 26

24 何畏 / 27

25 洪谟 / 29

26 胡庆育 / 30

27 黄尊生 / 31

28 贾士毅 / 32

29 江振华 / 33

30 姜亮夫 / 34

31 蒋光慈 / 35

32 康白情 / 36

33 黎明社 / 38

34 李璜 / 39

35 李青崖 / 41

36 李宗吾 / 42

37 梁启超 / 43

38 刘伯明 / 44

39 刘盼遂 / 45

40 刘汝霖 / 46

41 刘文海 / 47

42 刘亦珩 / 48

43 卢怀道 / 49

44 鲁迅 / 50

45 陆侃如与冯沅君 / 52

46 罗白 / 54

47 罗根泽 / 55

48 马君武 / 56

49 马凌甫 / 58

50 马寅初 / 59

51 潘序伦 / 61

52 朴社 / 62

53 钱穆 / 63

54 钱用和 /64

55 任白涛 / 65

56 山丁 / 67

57 少年中国学会 / 68

58 邵振青 / 69

59 沈启无 / 70

60 沈璿 / 71

61 苏雪林 / 72

62 隋育楠 / 73

63 太虚法师 / 74

64 唐弢 / 75

65 陶乐勤 / 76

66 陶秋英 / 77

67 天津大公报馆 / 78

68 田农 / 79

69 汪震 / 80

70 王德箴 / 82

71 王独清 / 83

72 王丰园 / 84

73 王礼锡 / 85

74 王森然 / 87

75 王桐龄 / 88

76 温生民 / 90

77 文化学社 / 91

78 文明书局 / 92

79 文学研究会 / 93

80 吴耕民 / 94

81 吴光杰 / 95

82 奚元龄 / 96

83 夏大山 / 97

84 新生命书局 / 98

85 熊得山 / 99

86 徐寄庼 / 100

87 徐景贤 / 101

88 徐用仪 / 102

89 严复 / 103

90 杨丙辰 / 104

91 殷炎麟 / 105

92 余云岫 / 106

93 余群宗 / 107

94 俞平伯 / 108

95 郁达夫 / 109

96 袁犀 / 111

97 张传普 / 113

98 张世禄 / 114

99 张寿林 / 115

100 张西堂 / 116

101 赵兰坪 / 117

102 赵文锐 / 118

103 贞社 / 120

104 中国教育工会上海市委员会 / 121

105 中华全国文艺协会 / 122

106 中央通讯社 / 123

107 中原书店 / 124

108 周作人 / 125

109 朱应会 / 127

110 卓宏谋 / 128

111 作新社 / 130

1 百城书舍

百城书舍，历史不详，由广东人林百城（字文昭）创办于日本东京。主要翻译日文书籍。书籍在日本印刷，运回国内发售。此书舍与天津百城书局无关系。出版有《大亚细亚主义论》《西洋史》《西洋史附属地图》《比较财政学》等。

版权证考：百城书舍的版权证见于1915年《西洋史》（第四版）和1915年《西洋史附属地图》（初版），版权页版权声明处钤印章一枚，朱文，印文为篆书"百城"。另外，1917年该书舍出版宋教仁翻译日本作家小林丑三郎的《比较财政学》（第四版），题名页有"广东林文昭藏版"，版权页版权声明处钤盖林百城手章一枚，方形，白文，篆书，印文为"林文昭印"。

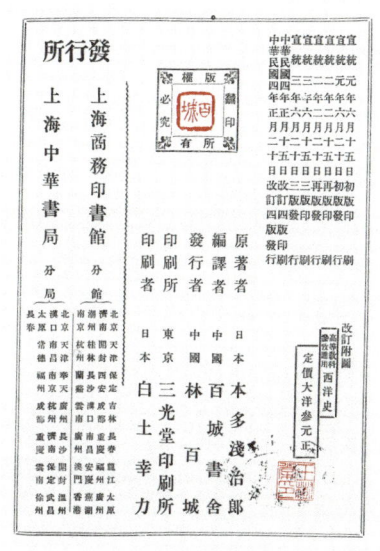

图1-1 1915年百城书舍出版本多浅治郎《西洋史》版权页

图1-2 版权印
尺寸：12mm×12mm

释文：百城

印章赏析：这枚版权印为阳文缪篆体"百城"二字，印文从右向左排列，依文字笔画多少"任疏任密"，设计为"百"小"城"大、左密右疏之势，印中文字笔画削弱了篆书本身的工艺属性，而强调文人的书写性。外围边框线条远粗于印文，在处理手法上具有金石韵味，四角收圆，融入了封泥的斑驳感，由此构成外围厚重古拙，内部空灵细致的艺术反差。质感的收放对比、色彩的朱白对比、线条的疏密对比、文字的大小对比，由一枚小小的印章整合为一。"坐拥百城"是《魏书·李谧传》中的典故："丈夫拥书万卷，何假南面百城？"后世以此比喻藏书极丰富，作为"百城书舍"的版权印，方形边框如同城池，与内容相照，以小见大，透过版权印在视觉上提示并诠释了"坐拥百城"之意。

2 陈澄之

陈澄之（1912—?），原名陈广湘，笔名方丁平，江苏丹阳人。曾考入清华大学、南开大学，因日寇侵华放弃学籍。后考入上海交通大学，借读于湖南大学直至毕业。曾在国民党国家总动员会工作，赴欧洲催交抗战前已定的工业器材。归国后，任《华北日报》记者、《西北文化日报》总编辑。后赴美国哈佛大学进修。曾任美国达慕恩大学远东研究专任教授，兼东方图书馆主任。退休后，旅居美国。著译有《山雨欲来风满楼——慈禧西幸记之一》《日暮乡关何处是——慈禧西幸记之二》《沙漠里的玫瑰》《伊犁烟云录》《深闺里》《赛珍珠》《西藏见闻录》等。

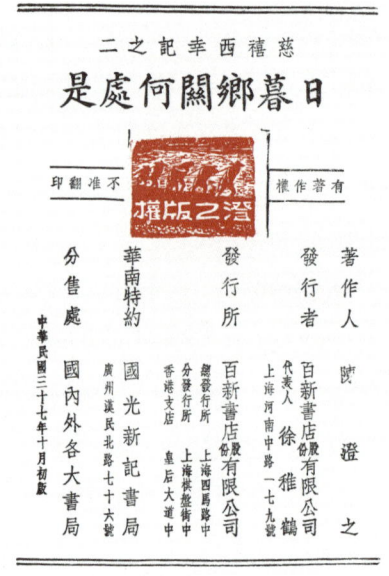

图 2-1 1948 年百新书店出版陈澄之《日暮乡关何处是——慈禧西幸记之二》版权页

版权证考：陈澄之的版权证仅见一种，形式为版权票。百新书店出版的《山雨欲来风满楼——慈禧西幸记之一》（1948年初版，1949年再版）、《日暮乡关何处是——慈禧西幸记之二》（1948年初版，1949年再版）、1948年初版的《深闺里》、中华建国出版社1948年初版的《伊犁烟云录》等书的版权页皆贴有此版权票。

图 2-2 版权票
尺寸：30mm×23mm

释文：澄之版权

印章赏析：此书中陈澄之的著作版权证为专用版权票，版权票单色红印，四周有邮票型锯齿，图案绘一排纤夫在河上拉纤的身影，图案下方为白色"澄之版权"四字，人物身影之后，通过版画技法刻绘出粼粼波光，是一枚具有版画艺术风格的特色版权票。

3　陈崇祖

陈崇祖（生卒年不详），字献侯，斋号"问心斋"，湖北武昌人。张之洞门生。早期入京师大学堂学习，师从地理学名家邹征君。曾任"湖南通俗图书编辑所"（湖南省立通俗教育馆前身）所长、第二届"全国教育会联合会"会员、湖南省零陵县知事、湖北省第五区汉东中学（安陆汉东中学）校长、北洋政府财政部秘书、内务部参事。著有《外蒙古近世史》。

图3-1　1926年商务印书馆出版陈崇祖《外蒙古近世史》版权页

版权证考：陈崇祖的版权证所见有两种，版权证形式为手章。一见于1922年商务印书馆出版的《外蒙古近世史》（初版），版权页贴有其手章一枚，白文，篆书，印文为"陈崇祖印"。二见于1926年商务印书馆出版的《外蒙古近世史》（第二版，题名页为《外蒙近世史》），版权页"证印"处贴有其手章一枚，朱文，篆书，印文为"陈崇祖印"。

图3-2　版权印
尺寸：13mm×13mm

释文：陈崇祖印

印章赏析：陈崇祖的这枚著作版权印为仿汉印设计的阳文方印。印文在阴阳转换中，"陈崇祖印"四字从右上角起以逆时针方向均匀布局，印边与印文笔画同一粗细，印文篆字多方少圆，而显笔力遒劲，笔画之间布白均衡、少有勾连，以呈古雅平和之态。为使印面气息流畅而不凝滞，印章边缘在"陈"字上方、"印"字右侧、"祖"字左下角均做破边处理，以期与文字内部布白之处气息贯通。从印文风格可以看出其慕古之风。

4 陈振鹭

陈振鹭（1901—？），字飞俦，福建仙游（今莆田市）人。法国里昂大学哲学博士（一说巴黎大学高等经济学博士班研究生毕业）。曾任国立劳动大学、私立北平朝阳学院、上海中国公学、大夏大学、光华大学、国立政治大学、国立上海商学院教授。暨南大学教务处注册课主任、教授，上海大学教授、教授联合会委员。中国劳动协会理事、监事，国民政府财政部财政研究委员会委员。新中国成立后，先后任上海财政经济学院、安徽财贸学院教授。著有《劳工问题》《社会连责主义概论》《现代劳动问题论丛》《中国农村经济问题》《劳动问题大纲》等。

版权证考：陈振鹭的版权证仅见一种，版权证形式为手章。此手章见于大学书店1936年再版的《劳动问题大纲》和1935年初版、1936年再版的《中国农村经济问题》。版权页版权声明处均钤盖其手章一枚，白文，篆书，印文为"陈振鹭印"。

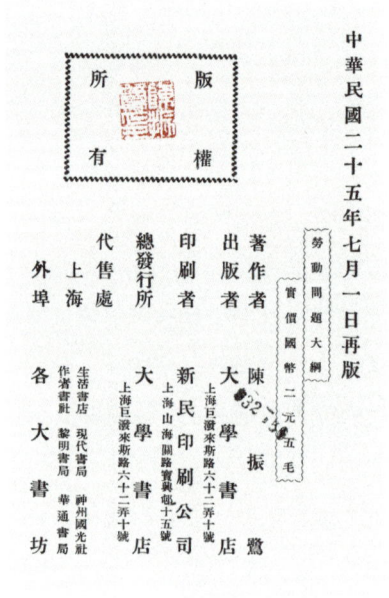

图4-1　1936年大学书店出版陈振鹭《劳动问题大纲》版权页

图4-2　版权印
尺寸：16mm×16mm

释文：陈振鹭印

印章赏析：陈振鹭的这枚著作版权印为阴刻小篆体方印，整体仿汉印形式，印面文字"陈振鹭印"四字右起自上而下，从右向左，均匀排布。印文笔画较粗，直多曲少。印边与字里行间空隙较小，结合文字形态，在右下角"振"字右侧，左上角"鹭"字左侧，左下角"印"字左侧均作破边处理，使得印文在均匀分布的同时还具有整体的充拓张力，印文效果兼具满白文印的明朗与汉印的浑厚风格。

5 程联

程联（生卒年不详），字憩棠，广东中山人。民国时期著名信托学家。曾留学美国，回国后任上海信托股份有限公司董事、总经理，沪江大学教授。新中国成立后，事迹不详。著有《世界信托史考证》。

版权证考：程联的版权证仅见于1931年上海信托股份有限公司出版的《世界信托考证》（初版），版权页版权声明处钤有其手章一枚，朱文，篆书，印文为"程联之印"。

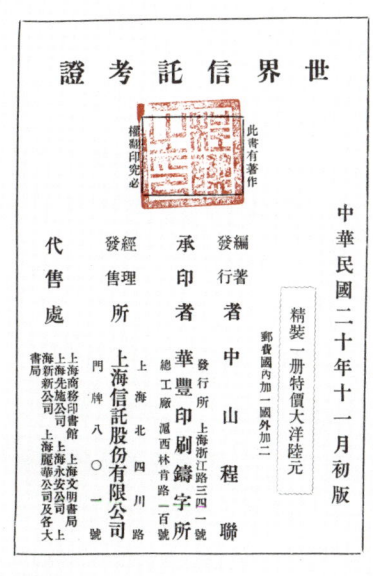

图 5–1　1931 年上海信托股份有限公司出版程联《世界信托考证》版权页

图 5–2　版权印
尺寸：30mm×30mm

释文：程联之印

印章赏析：程联的这枚著作版权印为阳文小篆朱印，印章为方形，印文右起自上而下，从右至左为"程联之印"四字。印文各字依田字格均衡布局，笔画平直，粗细均匀，有玉制玺印特征，边栏无破边且线条宽于文字笔画，加强了视觉关注力度，整体设计借鉴了玺印的庄重感，显得厚重绵密，由此可见程联对稳定、可靠、厚实、严密等概念在审美上的落实。

6 程希孟

程希孟（1901—1976），字次敏，江西南城县人。著名爱国民主人士。英国伦敦大学经济学博士。曾任北平大学教授，国民政府外交部美洲司代司长。第一至四届国民政府参政会参政员。新中国成立后，任中国国际贸易促进委员会研究室主任，九三学社中央常委、宣传部副部长，第二、三、四届全国政协委员。著译有《第二次世界大战之经济后果》《欧洲外交透视》等。

版权证考：程希孟的版权证见于1930年社会问题研究社出版的程希孟译英国人柯尔《英国劳动阶级运动史》，版权页版权声明处钤盖其手章一枚，朱文，篆书，印文为"程希孟印"。

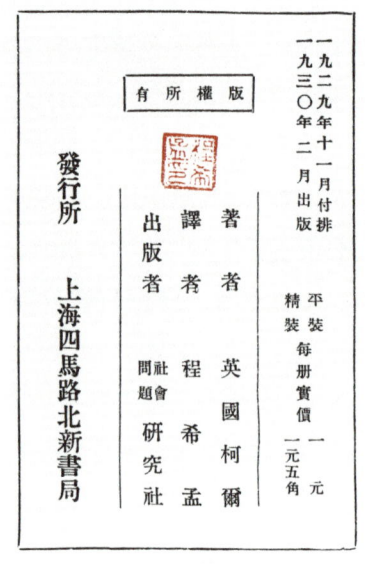

图6-1　1930年社会问题研究社出版程希孟译《英国劳动阶级运动史》版权页

图6-2　版权印
尺寸：12mm×12mm

释文：程希孟印

印章赏析：程希孟的这枚著作版权印为阳文小篆朱印，印章成方形，印文右起自上而下，从右至左为"程希孟印"四字。印文各字布局均衡，笔画清润，有圆朱文特征，印面文字笔画匀净，刻工刀法娴熟，边栏无破边且线条较粗于文字笔画，起到收束印面的效果，具明代文人印风，由此可见程希孟传统的审美情趣。

7 戴坚

戴坚（1913—1999），字铁肩，湖南长沙人。原"中国驻日占领军"司令官。曾任国民革命军第五十四军第八师少校参谋、中校参谋主任、上校参谋长，预备第二师第五团团长，荣誉第二师师长，第五十四军副参谋长，第六十七师师长等职。陆军中将衔。1999年逝于巴西。著译有《战阵新法》《中美兵学通论》《大战回忆录》等。

版权证考： 戴坚的版权证见于1938年长沙印务馆出版的《大战回忆录》，版权页钤盖其印章一枚，朱文，篆书，印文为"戴坚"。此印又见于1940年同仇学社出版戴坚译的《游击战》（初版）的版权页。

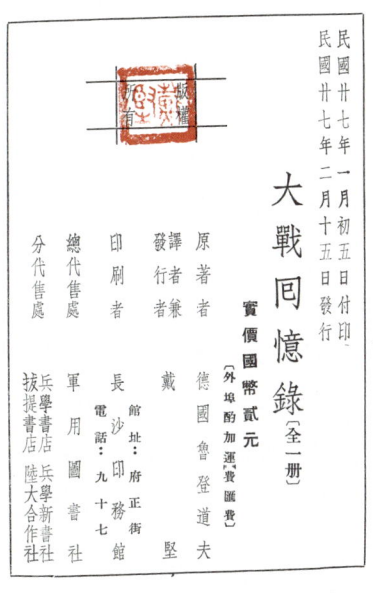

图7-1 1938年长沙印务馆出版戴坚译《大战回忆录》版权页

图7-2 版权印
尺寸：23mm×22mm

释文： 戴坚

印章赏析： 戴坚的这枚著作版权印为阳文大篆朱印，印文从右至左，为"戴坚"二字，印文左右均衡而上下留白，印面文字古拙老辣，笔画圆中带方，有扛鼎之势，边栏如铜墙铁壁般厚实，苍古斑驳，而不破边，印风传承了金石韵味的稳健厚重，亦颇有将军守城之气象，细细品味可瞥见军人的家国情怀。

8 戴望舒

戴望舒（1905—1950），原名戴丞，字朝寀，笔名戴梦鸥、江思、郎芳等，浙江杭州人。现代著名诗人、中国现代派诗人的代表人物之一、翻译家。1932 年留学法国，先后入巴黎大学、里昂大学学习。1935 年归国，曾参与创办《璎珞》《新诗》等刊物。抗战期间，任香港《大公报》《大众日报》等副刊主编、中华全国文艺界抗敌协会香港分会干事。抗战胜利后，先后任暨南大学、上海市立师范专科学校、上海音乐专科学校教授。新中国成立后，任新闻出版总署国际新闻局法文科科长。著译有《雨巷》《望舒草》《我底记忆》《望舒诗稿》《紫恋》《西万提斯的未婚妻》《少女之誓》《现代土耳其政治》等。

图 8-1　1931 年开明书店出版戴望舒译《少女之誓》版权页（开明书店检票原为紫色）

版权证考：戴望舒版权证见于 1931 年开明书店再版的《少女之誓》，版权证形式为版权票。在开明书店检票①上钤盖其印章一枚，朱文，篆书，印文为"戴望舒印"。

图 8-2　版权印
尺寸：13mm×13mm

释文：戴望舒印

印章赏析：此书中戴望舒的著作版权印为阳刻金文红印，印文右起从上到下，从右至左，为"戴望舒印"四字。印面文字布局均匀，文字取钟鼎文笔画，笔画精细而疏朗，边栏较粗于文字笔画，无破边，是一枚古雅而精致、清新亦适用的版权印。

---

① 检票：出版商为防作者私印而制作的票样，有时用出版商印章代替。

9 邓初民

邓初民（1889—1981），曾名经喜、希禹，字昌权，又字昌叔，笔名田原，湖北石首县人。著名社会科学家、政治活动家、马克思主义宣传家、教育家。1913 年赴日本东京政法大学学习，师从著名马克思主义教授河上肇。曾任湖北省立法科大学教务长，国民党湖北省执行委员会常务委员，湖北省临时政务委员会主任委员。新中国成立后，曾任山西省人民政府副主席兼山西大学校长。民盟第三、四届中央委员会副主席，第二、三、四届全国政协常委，第一至五届全国人大常委会委员。著有《政治科学大纲》《政治学》（署名田原）《社会进化史纲》《国家论之基础知识》《民主的理论与实践》《论新政协》《新政治学大纲》等。

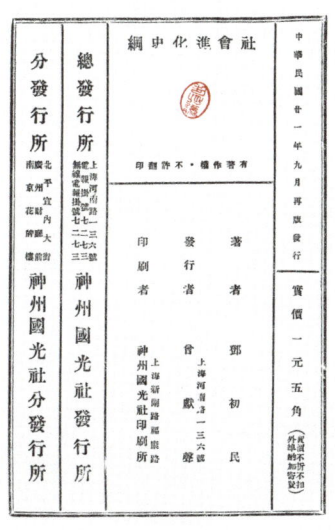

图 9-1　1932 年神州国光社出版邓初民《社会进化史纲》版权页

版权证考：邓初民的版权证所见有两种。一见于 1932 年神州国光社再版的《社会进化史纲》，版权页贴有其印章一枚，印为椭圆形，朱文，印文为篆书"邓初民"。二见于 1929 年昆仑书店出版的《政治科学大纲》（初版），版权页版权声明处贴有版权票一张，蓝色，四周花饰，票面上方印"检印"，下方印"昆仑书店"，中央钤盖印一枚，圆形，朱文，印文为篆书"初民"。

图 9-2　版权印
尺寸：9mm×11mm

释文：邓初民

印章赏析：邓初民的著作版权印为阳刻小篆椭圆形红印，印文从上至下排列，为"邓初民"三字。印面文字整体为长方形竖排，呈均匀分布，文字形体为小篆风格并作扁化处理，笔画粗细匀净规整。与众不同的是，边框为椭圆形环绕在印文的外围，边框较印文笔画较粗，印文在椭圆形边框内顶天立地、左右留白，呈新古典风格。从阳文边框与文字笔画在质感上细腻且均无残破的情形来看，这枚版权印的材质很有可能不是传统印石，而应用牛角材质为椭圆形印材的可能性极大。

10 范文澜

范文澜（1893—1969），字仲沄（一说仲潭），号芸台，浙江绍兴人。现代著名历史学家。解放前曾任北京大学、辅仁大学、北方大学教授，华北大学副校长。新中国成立后，任中国科学院中国近代研究所所长，中国历史学会副会长，中国科学院哲学社会科学学部委员。中共第九届中央委员。第一、二届全国人大代表，第三届全国人大常委会委员。著有《中国通史简编》《中国近代史（上册）》《大丈夫》《水经注写景文钞》等。

版权证考： 范文澜的版权证见于1931年北京文化学社出版的范文澜的《正史考略》（初版），版权页版权声明处钤盖印章一枚，朱文，篆书，印文为"仲沄"。

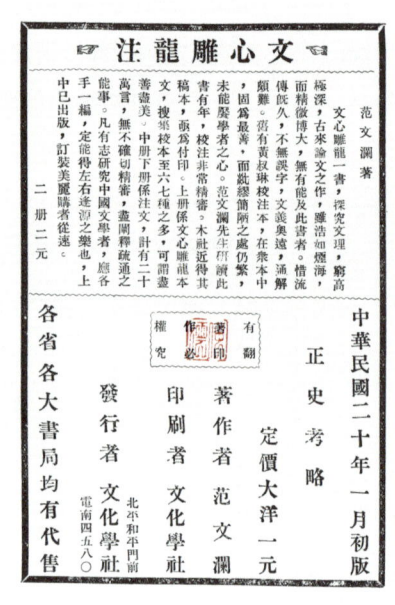

图10-1　1931年北京文化学社出版范文澜《正史考略》版权页

1929年文化学社出版的范文澜的《文心雕龙注》（上、中册，初版），1931年出版的《文心雕龙注》（下册，初版）亦钤盖有此印。

图10-2　版权印
尺寸：7mm×7mm

释文： 仲沄

印章赏析： 范文澜在此书中的著作版权印为阳文小篆朱印，印章成方形，印文从右至左为"仲沄"二字。印面二字均分印面，笔画精润，线条绵密。文人绵密的心绪、雕刻娴熟的工法得以呈现。有趣的是，印章边栏的粗细几乎与文字相同，在破边的同时借助笔画行走的结构形成了藕断丝连的回纹视感，具有古代文人藏书印的风格，是一枚巧妙借助文字笔画形成图腾装饰风格的文人版权印。

11　冯雪峰

冯雪峰（1903—1976），原名福春，笔名雪峰、画室等，以冯雪峰名行于世，浙江义乌人。"中国共产党优秀党员，著名的无产阶级文艺理论家和作家、诗人"[1]、翻译家。早年就读于金华省立第七师范学校和杭州省立第一师范学校。

1929年参与筹备"左联"，任"左联"党团书记。曾任中共上海文艺工作委员会书记，中共江苏省委宣传部部长，中共中央党校副校长。1934年参加长征。后任中共上海办事处副主任。新中国成立后，先后任华东军政委员会委员，上海市人民政府委员，上海市文艺工作者协会主席，上海市文联副主

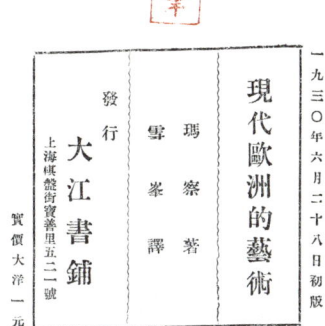

图11-1　1930年大江书铺出版冯雪峰译《现代欧洲的艺术》版权页

席，鲁迅著作编刊社社长兼总编辑、人民文学出版社社长兼总编辑，《文艺报》主编，中国作家协会党组书记、副主席。第一届全国人大代表、第一届全国政协委员。著译有《有进无退》《论"野草"》《回忆鲁迅》《文学评论》《现代欧洲的艺术》《艺术之社会的基础》等。

版权证考： 冯雪峰的版权证仅见一种。1930年大江书铺出版的《现代欧洲的艺术》（初版），版权页钤盖印一枚，长方形，朱文，楷书，印文为"雪峰"。水沫书店1929年初版和1930年再版的《文学评论》，版权页皆有此印章。不同的是，《现代欧洲的艺术》上的印章为钤印，《文学评论》上的印章为贴印。

---

[1]此为1979年中共中央为冯雪峰举行追悼会时，时任中宣部副部长朱穆之所致悼词。

图11-2 版权印
尺寸：10mm×17mm

释文： 雪峰

印章赏析： 此书中冯雪峰的著作版权印为阳刻楷书红印，文字排列从上至下，印面为"雪峰"二字。文字为欧体楷书，爽利挺拔，"雪峰"二字收束在竖的长方形印面之中，左右上下皆有较大留白，呈均衡分布，外围界栏较细，无破边，是一枚明快而富于新意的版权印。

12 傅佩青

傅佩青（1886—1970），名铜，字佩青，曾用笔名傅虚舟，河南兰封（今兰考）人。著名哲学家、教育家。英国伯明翰大学文学硕士，师从著名哲学家罗素。曾任北京大学、北平师范大学、北京女子大学、中国大学教授，西北大学校长、河南大学文学院院长、安徽大学校长。新中国成立后，任中国科学院哲学研究所特约研究员，中央文史研究馆馆员，一级教授。曾入选1937年英国欧罗巴出版公司出版的《世界名人录》。著有《知行难易问题之根本解决》。

版权证考： 傅佩青的版权证见于1933年北平西北书局出版的《知行难易问题之根本解决》（署名傅佩青），版权页版权声明处钤盖其印章一枚，白文，篆书，印文为"佩青"。西北大学图书馆藏本原为著名经学家张西堂藏书，封面有傅铜手书"西堂先生指正"。

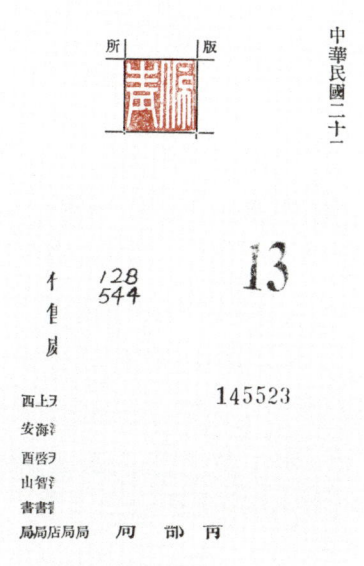

图12-1 1933年北平西北书局出版傅佩青《知行难易问题之根本解决》版权页

图12-2 版权印
尺寸：29mm×29mm

释文： 佩青

印章赏析： 此书中傅佩青的著作版权印为阴刻白文篆体红印，文字从右至左，印面为"佩青"二字。文字在印面空间中左右均衡分布，笔画白文较粗，运刀一丝不苟，笔画爽利清正，结构严谨和雅，字脚作垂露状，有玉玺印章的美感，印面较大，无边框，红底突显出挺拔的文字，是一枚设计考究、刻工难得的版权印。傅佩青儒雅的修养通过这枚版权印可窥一斑。

13 高良佐

高良佐（1907—1968），字梦弼，上海松江人。毕业于上海中山学院。曾任黄埔军校政治部编辑股股长、《建国周刊》《建国月刊》编辑、上海大学同学会总会常务理事、三青团筹备时期中央宣传处副处长、国民党中央党政工作考核委员会成员。抗战胜利后，先后任台湾省行政长官署民政处副处长、日侨遣送委员会常务委员、台湾省合作事业管理委员会主任委员。浙江省政府委员、新闻处处长。1949 年后，任台湾国民党中央党史史料编纂委员会编辑处处长。著有《孙中山先生传》《中东铁路与远东问题》《西北随轺记》《孙文主义总论》《中国革命史话》等。

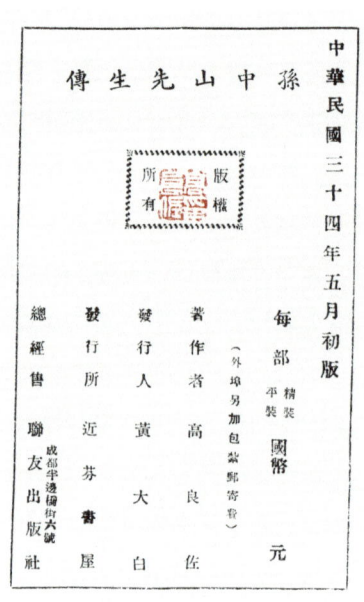

图 13-1　1945 年成都近芬书屋出版高良佐《孙中山先生传》版权页

版权证考：高良佐的版权证见于 1945 年成都近芬书屋出版的《孙中山先生传》（初版），版权页版权声明处钤盖其手章一枚，白文，篆书，印文为"高良佐印"。

图 13-2　版权印
尺寸：15mm×15mm

释文：高良佐印

印章赏析：此书中高良佐的著作版权印为阴刻缪篆红印，印文从右上角呈逆时针排列，为"高良佐印"四字。印面文字均匀分布，文字形体方正匀整，饶有隶意，无边栏，而文字笔画靠外之处皆作破边斑驳效果，古意盎然。

14 高深

高深（1908—1943），原名高家柳，字屏五，笔名高深等，陕西延川（一说米脂）人。现代作家、诗人。抗战前曾担任军职，七七事变后滞留北京，经营过华北杂志社。曾任《中国公论》特约编辑、《新河南日报》特约撰述。著有短篇小说集《兼差》。

版权证考：高深的版权证仅见于1944年新民印书馆出版的《兼差》，版权证形式为版权票，上面钤有印章一枚，朱文，篆书，印文为"高"。《兼差》为其亡故后出版，版权票上的印章应为其他人所刻。

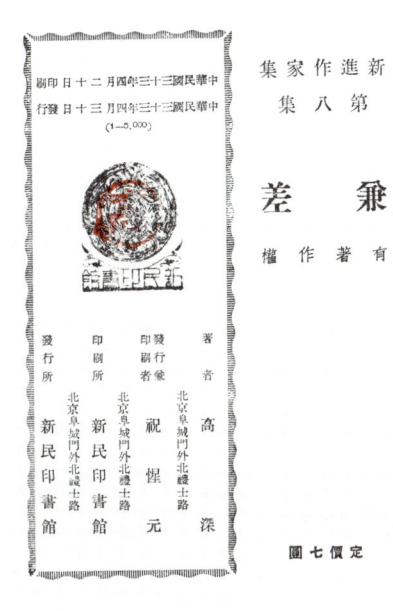

图 14-1　1944 年新民印书馆出版高深《兼差》版权页（检票原为绿色）

图 14-2　版权印
尺寸：直径 15mm

释文：高

印章赏析：此书中高深的版权印盖在新民印书馆的专用检票上，其版权印为阳文篆字圆形朱印，印文为一"高"字。印面内"高"字为方形变体篆字，笔画横平竖直，粗细与圆形边栏一致，方圆相济，疏朗开阔。

15　高希圣

　　高希圣（1900—1986），原名高尔松，字继郇，笔名高希圣，江苏青浦（今属上海市）人。中国共产党早期党员，民主同盟会会员。1922年毕业于南洋公学中学部。1924年考入上海东亚同文书院，主修日语。1924年经沈雁冰介绍加入中国共产党。1925年任《民族日报》编辑，同年当选国民党江苏省党部监察委员。1927年任青浦县县长。同年大革命失败后，流亡日本，与中共党组织失去联系。1929年回国，在上海从事进步文化出版事业。先是创办平凡书局，主要出版社会科学著作，如《唯物史观大纲》《列宁主义基础》等，被国民党当局以宣传"赤化"为由，通过上海租界工部局查封。1937年成立

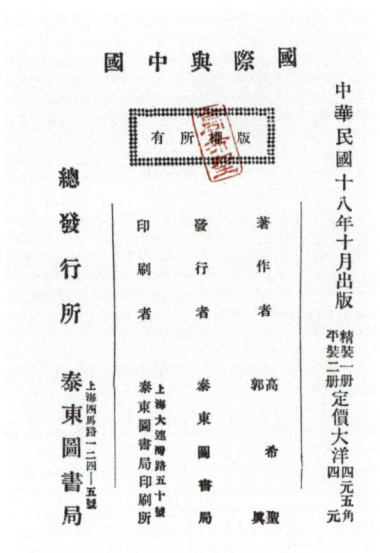

图15-1　1929年泰东图书局出版高希圣、郭真《国际与中国》版权页

中学生书局，主要出版中学语文、历史教科书，兼出版社会经济理论书籍。1949年11月，任新中国出版署编审。1950年后，先后任古籍出版社、中华书局、商务印书馆编辑。1986年因病逝世。著译有《现代社会学大纲》《各国社会党史纲》《科学社会主义》《社会主义大纲》《欧洲革命史》《经济科学大辞典》等。

　　版权证考： 高希圣的版权证见于1929年泰东图书局出版的《国际与中国》（下册），版权页版权声明处钤盖印章一枚，长方形，朱文，隶书，印文为"高希圣"。

图15-2　版权印
尺寸：9mm×19mm

释文： 高希圣

印章赏析： 此书中高希圣的著作版权印为朱色阳文竖条型隶书印，印文从上到下，为"高希圣"三字。印面文字布局匀净疏朗，字形微扁，隶意强烈，边栏粗细与文字笔画相近，不作破边处理，印文容易辨识，取简洁明快的实用之法。

16　故宫博物院

　　故宫博物院成立于1925年，是建立在明、清两朝皇宫基础上的综合性国家级博物馆。南京国民政府成立后，称"国立北平故宫博物院"，由国民政府行政院直属管辖，下设总务处、古物馆、图书馆和文献馆。故宫博物院设有自己的印刷所，整理出版了大量的院藏古代书画、图书。在这些出版物上，多钤盖有本院的版权证。

版权证考：故宫博物院版权证所见有四种。一见于1936年该院出版的《内阁大库现存清代汉文黄册目录》，版权页钤盖有版权印，朱文，篆书，印文为"故宫博物院板权之印"。此印又见于1934年8月该院再版的《唐人十二月朋友相闻书》。二见于《名教罪人》（属《文献丛书》一种，出版时间不详），

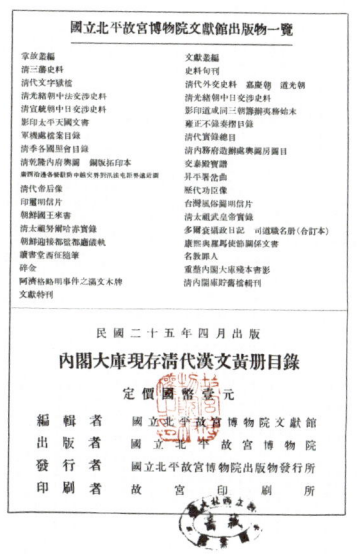

图16-1　1936年国立北平故宫博物院出版国立北平故宫博物院文献馆《内阁大库现存清代汉文黄册目录》版权页

在封三上角贴有版权声明，上钤盖版权印，印文形式与内容与前印相同，唯稍有差异。前印四角呈弧形（非磨损），此印四角分明。此印又见于1930年该院初版《文献丛编》第四辑。三见于1944年该院出版的《故宫博物院十九周年纪念文献专刊》，版权页钤盖版权印，朱文，篆书，印文为"国立北平故宫博物院版权印"。四见于20世纪30年代委托商务印书馆影印《策要》《分门纂类唐歌诗残本十一卷》等书，在影印说明下方，钤盖有版权印，朱文，印文篆书"国立北平故宫博物院版权章"。

图 16-2 版权印
尺寸：26mm×28mm

释文： 故宫博物院板权之印

印章赏析： 此书中的故宫博物院版权印为小篆体阳文印，印文右起从上到下，从右至左，为"故宫博物院板权之印"九字。印面文字一列三字，共三行，九字以九宫格布局均匀、笔画方中喻圆，刚柔相济，刀法匀净，线条平整，有圆朱文特点。印文四周外围无任何边饰，印面四角自然残破收圆，增加了沧桑感与个性的气质，该印章体格完备在于应用了"宫"字与"之"字左右两边的笔画，竖画延长并左右呼应，借笔画之势为边，使得印章风格在沧桑中又不失典雅之风。

17　顾颉刚

顾颉刚（1892—1980），原名诵坤，字铭坚，又字诚吾，号颉刚，以号行，笔名余毅，江苏吴县（今苏州）人。中国现代著名历史学家、民俗学家，“古史辨”学派的主要代表人物。曾任北京大学、复旦大学教授。新中国成立后，任复旦大学教授，中国科学院历史研究所研究员，中国民间文艺研究会副主席。第二、三届全国政协委员，第四、五届全国人大代表。著有《古史辨》《汉代学术史略》《尚书通检》等。

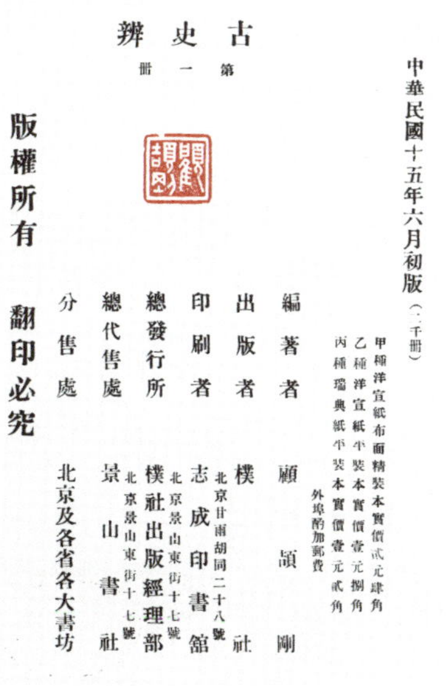
古史辨
第一冊
中華民國十五年六月初版（二千冊）
甲種洋宣紙布面精裝本實價貳元肆角
乙種洋宣紙平裝本實價壹元捌角
丙種瑠典紙平裝本實價壹元貳角
外埠酌加郵費
編著者　顧頡剛
出版者　樸社
印刷者　志成印書館　北京甘雨胡同二十八號
總發行所　樸社出版經理部　北京景山東街十七號
總代售處　景山書社　北京景山東街十七號
分售處　北京及各省各大書坊
版權所有　翻印必究

图 17–1　1926 年朴社出版顾颉刚《古史辨：第一册》版权页

版权证考：顾颉刚的版权证所见有以下四种：

1926 年朴社出版的《古史辨：第一册》（初版）版权页钤盖其章一枚，白文，印文为篆书“顾颉刚”。此印又见于朴社 1933 年再版《四部正沩》的版权页。

1931 年朴社出版的《古史辨：第三册》（全，初版）的版权页贴其章一枚，朱文，印文为篆书“顾颉刚”。此印亦见贴于 1933 年朴社出版的顾颉刚点校的《古今伪书考》（再版）版权页。1933 年朴社出版的《书序辨》（初版），版权页版权声明处则钤盖此印。

1929 年朴社出版的顾颉刚点校的《四部正沩》（初版），版权页贴其版权章一枚，朱文，印文为篆书“顾颉刚版权章”。此印又见于 1928 年朴社初版的《高似孙子略》的版权页。

1933 年朴社出版的顾颉刚点校的《高似孙子略》（再版），版权页贴其版权印一枚，白文，印文为篆书“顾颉刚版权印”。此印亦见贴于 1933 年朴社出版的顾颉刚点校的《左氏春秋考证》（初版）和 1935 年初版张西堂点校的《唐人辨伪集语》（初版）的版权页。

图 17-2 版权印
尺寸：18mm × 18mm

释文：顾颉刚

印章赏析：顾颉刚的著作版权印是金文阴刻篆书，仅三字"顾颉刚"，"顾"字占据印文的右侧空间，"颉刚"占据印文的左侧空间，印边用与文字笔画粗细相同的白框收束，左上角破边，有很强的金石韵味，印文朱白对比鲜明有力，简洁明快。而《古史辨》第三册1931年初版中顾颉刚的版权印则是笔画纤细柔弱的阳文，显然顾颉刚本人对他的版权印非常在意，之后对这种钟鼎文给予了修正，为了更醒目，变朱文为白文，为了增加力道，变曲笔为直笔，并且加粗了笔画。明代篆刻理论家周公谨在《印说》中强调："一画失所，如壮士折一肱；一点失所，如美人眇一目，味此二语，印法大备。"可见笔画力道，对印文气象至关重要。更新后的版权印"顾"字右下角的一笔专作斜长处理，对印章全局起到了调节朱白阴阳的决定性作用，使得图章凝练、金贵，有凝重感，但又不失文字的生动活力。

18　光明书局

光明书局（1927—1955），1927 年由王子澄创办，局址设在上海福州路 296 号。初期以出版教学参考书为主，后刊行新文艺小说和社会科学读物。1955 年与新群出版社、文化生活出版社、平明出版社、潮锋出版社、上海文艺联合出版社、上海出版公司先后并入新文艺出版社。

版权证考： 光明书局版权证仅见一种，形式为版权印。该版权印见于该书局 1931 年再版的《中国女性的文学生活》，版权页版权声明处钤盖有印章一枚，朱文，篆书，印文为"光明书局版权之印"。此版权印又见于该书局 1931 年出版的《上帝的儿女们》（再版），1931 年出版的《墨索里尼自传》（第三版）的版权页。

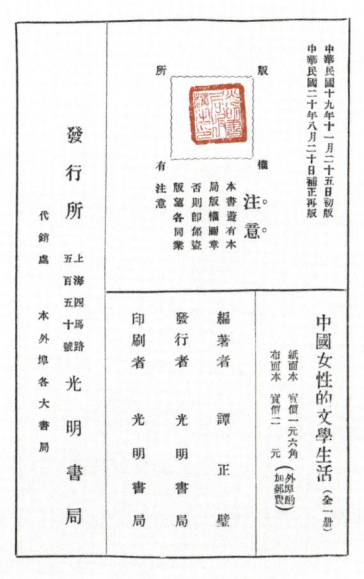

图 18-1　1931 年光明书局出版谭正璧《中国女性的文学生活》版权页

图 18-2　版权印
尺寸：15mm×15mm

释文： 光明书局版权之印

印章赏析： 光明书局版权印为小篆体阳文印，印文分三列，文字右起从上到下，从右至左，为"光明书局版权之印"八字。印面文字左右竖列三字较小，中间一竖列两字较大，八字布局以左右上下均衡为准、笔画圆柔中见方正，刀法细腻地刻画出匀净的圆朱文笔画线条。紧切印文的四周外围设计为玉玺式宽边，与印面文字形成粗细强弱对比，形成收束凝结之感。在整体印面紧致的情况下，仅"局"与"版"字下方刻意留白，形成视觉透气孔，加之两字上下拉长为长方形，在视觉上构成疏密对比与长高对比的韵律，使得印章在平衡中兼具开合起落的动势。

19 郭沫若

郭沫若（1892—1978），原名郭开贞，字鼎堂，号尚武，笔名沫若，四川乐山人。著名现代文学家、历史学家，新诗奠基人之一。新文化运动的杰出代表人物之一。曾任国民政府军委会第三厅厅长，第一届中央研究院院士。新中国成立后，任中国科学院院长，政务院副总理兼文化教育委员会主任，中国科学技术大学首任校长，中国科学院哲学社会科学部主任，全国政协副主席，全国人大常委会副委员长。著译有《中国史稿》《甲骨文字研究》《甲申三百年祭》《青铜时代》《德意志意识形态》《浮士德》《少年维特之烦恼》《历史人物》《女神》《文艺论集》《李白与杜甫》等。

图 19-1　1946 年群益出版社出版郭沫若《十批判书》版权页

版权证考：郭沫若版权证所见有三种。一见于1946 年群益出版社出版的《十批判书》，版权页上贴其手章一枚，朱文，印文为篆书"郭沫若印"。该社同年出版的《屈原研究》《棠棣之花》等，版权页亦贴有此印。再见于 1927 年光华书局出版的《文艺论集》（第三版），版权页贴有版权票一枚，票面印有"创造社"三字，票上钤盖郭沫若印章，圆形、蓝色，印文为隶书"郭沫若"。此书为《创造社丛书》之一，其初版、再版仅贴有创造社检票，无郭沫若之章。三见于 1933 年日本东京文求堂出版的《古代铭刻汇考》（线装），版权页贴文求堂检票，票面钤盖印章一枚，圆形，朱文，印文为篆书"开贞"。

图 19-2　版权印
尺寸：7mm×7mm

释文：郭沫若印

印章赏析：此书郭沫若的著作版权印是篆体阳文印，印文为"郭沫若印"四字。印文从右上角开始，成逆时针排列，朱文与边栏连接融合，而文字笔画断断续续，使得文字若隐若现，古澹之风，跃然纸上。

20　郭湛波

郭湛波（1905—1990），原名郭海清，字湛波，以字行，河北大名县人，现代著名思想史学者。北京大学毕业。曾任河北省立第七师范学校训育长，《河北通讯》主编。先后执教北京大学、北京师范大学、中央大学。抗战胜利后，任国立北平临时大学训导长。第一届"国民大会"代表，立法院经济、外交委员会秘书，秘书处编审。1949年后，任台湾"国民大会"代表、"国务委员"。台湾中国文化学院、辅仁大学哲学研究所秘书。著有《近五十年中国思想史》《近三十年中国思想史》《论理学十六讲》《先秦辩学史》《近代中国思想史》《中国中古思想史》等。

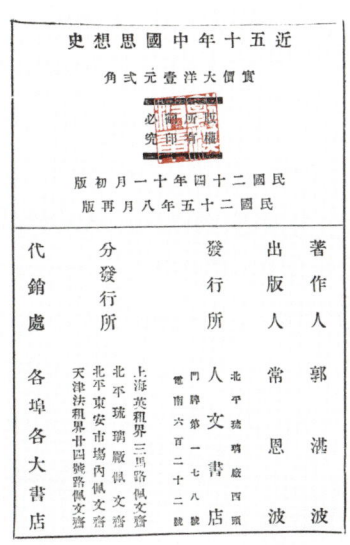

图20-1　1936年人文书店再版郭湛波《近五十年中国思想史》版权页

版权证考：郭湛波版权证所见有两种。一见于1936年北平人文书店再版的《近五十年中国思想史》（此书第一版由大北书局出版，书名《近三十年中国思想史》），版权页版权声明处钤盖其印章一枚，白文，印文为篆书"郭湛波章"。再见于1932年中华书局出版的《先秦辩学史》，版权页版权声明处钤盖其手章一枚，方形，朱文，印文为篆书"郭海清印"。

图20-2　版权印
尺寸：18mm×18mm

释文：郭湛波章

印章赏析：此书中郭湛波的著作版权印为满白文篆书红印，印文右起从上到下，自右至左，为"郭湛波章"四字。印面每个字面积相同，笔画粗细均匀，"波"字与"章"字下方专门留有气孔，属于均衡中有对比的满白文印法，方章无边栏，而文字笔画自有区隔，不作破边处理，使印文通体圆润明达，显示出作者在文化上的品位追求。

21　郭真

郭真（1901—1986），原名高尔柏，字咏薇，笔名郭真，江苏青浦（今属上海市）人。高尔松（高希圣）之弟。上海大学毕业。1923 年加入中国共产党，任中共上海大学党支部书记、中共上海大学独立支部书记。曾任"中山主义研究会"执行委员、《中山主义》周刊主编。国民党上海特别市党部宣传部秘书，东南军政委员会委员，国民党江苏省党部宣传部代部长、江苏省政府委员兼秘书长。大革命失败后，被国民党反动当局通缉，与兄高尔松流亡日本。1929 年秘密回国后，与高尔松从事先进文化出版事业，介绍社会主义经典著作。抗战胜利后，任上海市教育会常务理事、上海市私立中小学联合会监事长，青浦参议会参议员。新中国成立后，曾任高等教育部第二处副处长，中国民主促进会中央宣传委员会委员。著译有《各国社会党史纲》《中国农民问题》《辛亥革命史》《中日经济关系》《社会主义概论》《现代日本讲话》《中国社会思想概观》《经济学教程》（列宁原著）等。

民國十八年一月出版
書名　現代日本講話
著者　郭　真
出版　社會經濟學會
印行　勵羣書店
印數　1———2000

版權所有 不准翻印
實價大洋七角
外埠寄費加一一

图 21-1　1929 年社会经济学会出版郭真《现代日本讲话》版权页

版权证考：郭真的版权证见于 1929 年社会经济学会出版的《现代日本讲话》，版权证形式为版权票，在版权票上钤盖圆形紫色印一枚，阳刻，楷书，印文为"郭"。

图 21-2　版权印（原为紫色）
尺寸：直径 9mm

释文：郭

印章赏析：此书中郭真的著作版权印钤盖在竖长方形"文武边"的锯齿版权票上，而著作版权印为阳刻楷书圆形紫印，印面仅一"郭"字，文字为欧体楷书，"郭"字为竖的长方形，印面为圆形，左右上下皆有较大空白，显得端庄正式，外围界栏较细，无破边，是一枚简约实用的新式版权印。

22 国立编译馆

国立编译馆是南京国民政府 1932 年成立的一所从事编译、出版中外学术书籍与教科书的研究机构，隶属教育部，馆址位于今南京市玄武区天山路 39 号。抗战期间，多次迁址，抗战胜利后，迁回南京。1949 年后，迁台湾，仍称"国立编译馆"。

版权证考：国立编译馆的版权证仅见一种，为版权票形式，多用于该馆出版的各类学术著作及教科书。

汪伪政府亦设有"国立编译馆"，伪"国立编译馆"印章，形式、印文仿国立编译馆印章，唯文字精神稍差。在汪伪"国立编译馆"审定出版的书籍上，版权声明处钤盖有汪伪"国立编译馆"印。

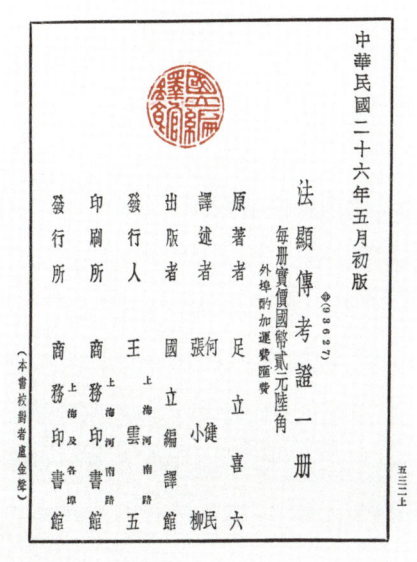

图 22-1　1937 年国立编译馆出版足立喜六《法显传考证一册》版权页

图 22-2　版权印
尺寸：直径 23mm

释文：国立编译馆

印章赏析：国立编译馆的版权印为圆形阳文篆字印，印文右起自上到下，从右至左，为"国立编译馆"五字。由于文字为单数，印面文字左右共分为两竖列，右竖列三字，左竖列两字，"立"字笔画少，作压扁设计，位于"国"与"编"字中间，可见设计者取文字笔画多少作均衡处理。印面四角的文字依汉代瓦当适合纹样的方式收为圆形，并在印章文字外围加了一圈圆边，强化了圆形的图案感。这枚版权印的篆刻刀法老辣，边框也与文字笔画质感粗细相同，并在局部作破边处理，使得笔画呈现出篆籀韵味，说明作者在设计上发挥了篆字本身的装饰性，不仅布局奇巧，而且形态耐人寻味。

23 国立华北编译馆

"国立华北编译馆"（1941—1945），是伪"华北政务委员会"即原伪"中华民国临时政府"成立的翻译出版机构。1941年成立，馆址位于北京北海公园内的镜清斋，出版有《国立华北编译馆馆刊》及《国立华北编译馆小丛刊》《国立华北编译馆现代知识丛书》等。1945年抗战胜利后，为国民政府接管。

版权证考： "国立华北编译馆"版权证仅见一种，形式为版权章。此章见于该馆1943年出版的程树德的《论语集释》各册，版权页版权声明处钤盖该馆版权章一枚，朱文，印文为篆书"国立华北编译馆版权章"。

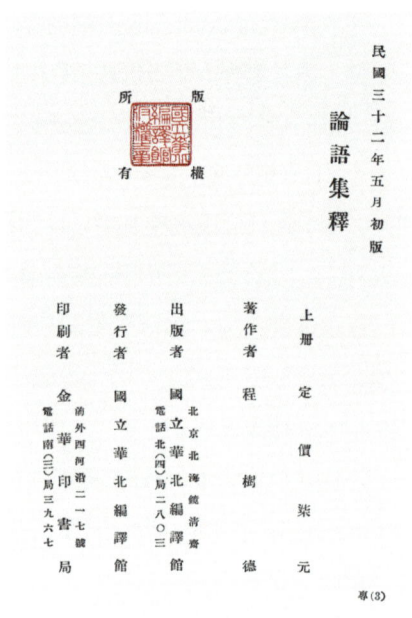

图23-1　1943年"国立华北编译馆"出版程树德《论语集释》版权页

图23-2　版权印
尺寸：26mm×26mm

释文： 国立华北编译馆版权章

印章赏析： "国立华北编译馆"的版权印为缪篆阳文朱印，印文右起自上到下，从右至左，为"国立华北编译馆版权章"十字，印面文字右竖列四字较小，中间与左竖列都是三字且较大，印面章法布局以笔画疏密均衡为准，笔画少的四字压缩在最右边的一竖列中。印文笔画多取横平竖直，转折处作圆角设计，为典型的缪篆特点。这枚图章印文多而刀法刻画不乱，在于其规整的设计思路，印面文字字间距与边框间距都较小，并且边框与文字笔画粗细相同，形成细密紧凑的视觉效果，印面利用"立"字、"译"字、"版"字的下方空隙，巧妙布白，形成了细致而通透的印文风格。

24 何畏

何畏（1896—1968），原名何浏生，字思敬，笔名何畏，浙江余杭县（今杭州市余杭区）人。"中国共产党优秀党员、马列主义理论战线上的杰出战士、著名学者、法律学家、马列主义经典著作翻译家。"[1]日本东京帝国大学毕业，获法学学士学位。回国后，任中山大学教授。1932 年加入中国共产党。1938 年到延安，历任抗日军政大学教授，中共中央文化工作委员会委员，延安大学法学院院长，中共中央党校研究室、中共中央军委编译处、中央政策研究室研究员，中共中央办公厅法律组副组长，陕甘宁边区政府参议员。1949 年 9 月到北平，任中国科学院社会科学部委员，北京大学教授，中国政法学会

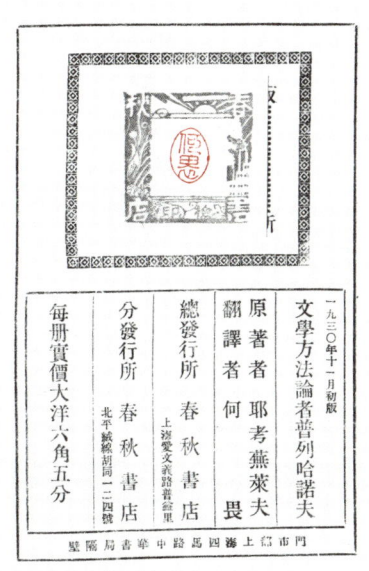

图 24-1　1930 年春秋书店出版何畏译《文学方法论者普列哈诺夫》版权页（版权票原为绿色）

第一届常务理事。新中国成立后，任中国人民大学教授、党委委员，中央法律委员会委员，外交部专门委员。1956 年被评为一级教授。新中国第一部宪法的主要起草人之一。中共七大候补代表，第一届全国政协委员。"文革"中受到迫害，1979年平反昭雪。后在八宝山革命公墓礼堂为他举行隆重追悼大会，追悼会由王震副总理主持，成仿吾致悼词。著译有《马克思的国家与法权学说》《文学方法论者普列哈诺夫》《托尔斯泰论》《哥达纲领批判》《法律学批判》等。

版权证考：何畏的版权证仅见于 1930 年春秋书店出版的《文学方法论者普列哈诺夫》版权页，版权证形式为版权票。在春秋书店的检票上钤盖印章一枚，椭圆形，朱文，篆书，印文为"何畏"。

---

[1] 此为何思敬追悼会上成仿吾所致悼词。

图24-2 版权印
尺寸：9mm×13mm

释文： 何畏

印章赏析： 此书中何畏的版权印钤盖在春秋书店的版权票上，版权票为淡绿色城市风景版画，中心留有方形钤印处，版权票四角有文字"春秋书店"。何畏的版权印为阳刻篆书椭圆形红印，印文从上到下，为"何畏"二字，印面文字取势呈方形，布局疏朗匀称，笔画方中带圆，笔画的线条与边栏同样粗细，给人精雅别致、清新爽目之感。

25　洪谟

洪谟（1913—2014），安徽安庆人。著名剧作家、戏剧导演。暨南大学物理系毕业，任暨南大学助教。与于伶共同创建中国共产党领导下的专业剧团"上海剧艺社"。曾任"华艺剧社""中国影剧社"导演。新中国成立后，先后任大同影片公司、华东戏曲研究院、上海京剧院导演，安徽大学艺术学院教授。著有《阖第光临》《裙带风》等。

版权证考： 洪谟的版权证仅见于1944年世界书局出版的《阖第光临》，在版权页的"版权之印"处钤盖印一枚，方形，朱文，篆书，印文为"洪谟"。

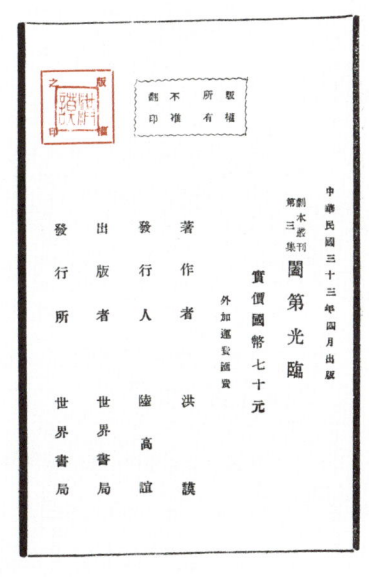

图25-1　1944年世界书局出版洪谟《阖第光临》版权页

图25-2　版权印
尺寸：11mm×11mm

释文： 洪谟

印章赏析： 此书中洪谟的著作版权印为阳文篆书朱印，印文从右至左，为"洪谟"二字。印面文字布局左右均衡，笔画疏朗清新，边栏粗细较文字笔画略粗，无破边，印文气息规整平和，钤盖适用清爽便捷。

26　胡庆育

胡庆育（1905—1970），广东三水县（今佛山市三水区）人。燕京大学毕业，曾留学美国。著译有《庆育吟草》《法学通论》《苏联政府与政治》《苏俄政治之现状》《比较法理学发凡》《最近十年的欧洲》等。

版权证考：胡庆育的版权证所见有两种，版权证形式为版权印。一见于1929年太平洋书店出版的《最近十年的欧洲》（初版），版权页贴有其印章一枚，白文，印文为篆书"胡庆育"。再见于太平洋书局1930年和1933年出版该书的再版和第三版，版权页亦贴有其印章，皆为朱文，篆书，印文为"胡八子庆育"。

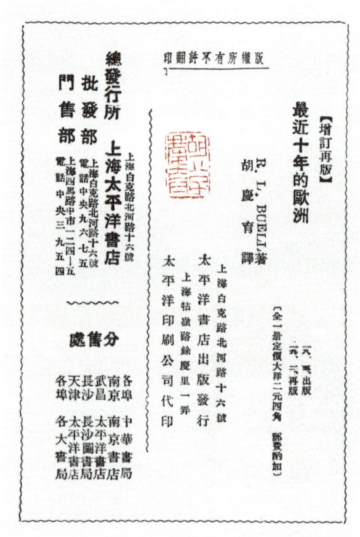

图 26-1　1930 年太平洋书店出版胡庆育译《最近十年的欧洲》版权页

图 26-2　版权印
尺寸：13mm×18mm

释文：胡八子庆育

印章赏析：此书中胡庆育的著作版权印为阳刻篆字竖长形红印，印文右起自上到下，从右至左，为"胡八子庆育"五字。印面文字右侧为"胡八子"三字，左侧为"庆育"二字，印文笔画刻意作成断断续续、松松斜斜的书写感，文字笔画与栏框都较细，印文有汉砖散淡洒脱之风，边栏也作断断续续的破边处理，给人以松松落落的松快感，是一枚特色鲜明的趣味性版权印。

27 黄尊生

黄尊生（Kenn Wong，1894—1990），原名涓生，又名鹃声，广东番禺人。近代中国著名世界语教育家。获法国里昂大学博士学位。曾任中山大学、浙江大学教授。国际世界语协会语言委员会委员、国际世界语运动中央委员会委员、世界语学院院士。著有《中国问题之综合的研究》《世界语运动在中国》《世界语百科全书》（主编）等。

版权证考：黄尊生的版权证仅见一种。1936年启明书社出版的《中国问题之综合的研究》（再版），版权页版权声明处贴有其印章一枚，朱文，篆书，印文为"黄尊生"。此印又见于1935年该书初版的版权页。

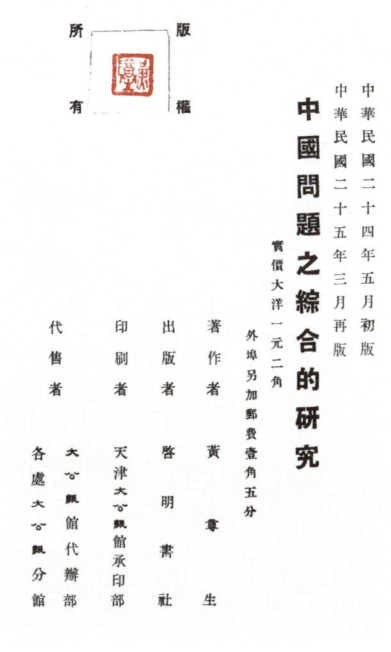

图 27-1 1936年启明书社再版黄尊生《中国问题之综合的研究》版权页

图 27-2 版权印
尺寸：12mm×12mm

释文：黄尊生

印章赏析：此书中黄尊生的著作版权印为阳刻大篆体红印，印面较小，文字右起自上到下，从右至左，为"黄尊生"三字。文字在印面空间中错落分布，"黄"字占据印面的右边小半侧，"尊生"二字上大下小，错落排布在印面的左边大半侧，"生"字靠近底部中间，文字笔画取钟鼎铭文的意象，外围有较粗的边栏，边栏不作破边，因三个字错落排列，在文字的左右自然留白，印面虽小，但印面之内，别有天地，这枚铭文书体的金石味版权印亦能从一个侧面反映出作者对传统的敬畏之情。

28　贾士毅

贾士毅（1887—1965），字果伯，别号荆斋，江苏宜兴人。著名会计学家、财政学家。获日本东京大学财政学学士学位。南京国民政府财政部赋税司司长兼盐务处处长，财政部常务次长。湖北省政府委员、财政厅厅长，江苏省财政厅厅长，江苏省政府代理主席。中央大学、中央政治大学教授。抗战胜利后，任鄂湘赣区财政金融特派员，负责接收三省日伪财经机构。1965年逝于台湾。著有《国税与国权》《民国财政史》《国债与金融》《民国续财政史》等。

版权证考： 贾士毅的版权证所见有两种。一见于1917年商务印书馆出版的《民国财政史二册》（初版），版权页贴有其自制的

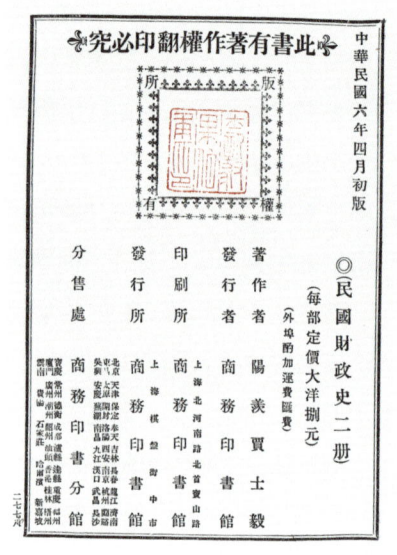

图28-1　1917年商务印书馆出版贾士毅《民国财政史二册》版权页

版权票一张，以白棉纸印刷，方形花边，四角印有"版权所有"，中间钤盖其印章一枚，朱文，篆书，印文为"士毅果伯甫印"。再见于1928年商务印书馆出版的该书第三版，版权页钤盖其手章一枚，方形，朱文，篆书，印文为"贾士毅印"。

图28-2 版权印
尺寸：25mm×25mm

释文： 士毅果伯甫印

印章赏析： 此书中贾士毅的著作版权印是细朱篆体字阳文印，印文为"士毅果伯甫印"六字。印文用细界格均分为三竖行，每行两字，而每行中的两字又按繁简做大小均衡配置，此种印风显然受到东洋日本精细化设计风格的影响，与作者的财政精细化的研究思路相通。

29 江振华

江振华（1875—1971），字松如，号退思，安徽歙县人。宣统年间为上海邮传部高等实业学堂教习。在上海创办新安徽宁学校。曾任新安徽宁学校、新安公学校长。创办"黄山画社"。新中国成立后，任上海市文史馆馆员。著有《黄山游览必携》。

版权证考：江振华的版权证仅见于1934年自刊的《黄山游览必携》。版权页版权声明处钤盖印一枚，椭圆形，朱文，印文分上下两部分，上部为中文，隶书"江振华"，下部为"江振华"英文威式拼法。

不 准 翻 印

中華民國二十三年十月初版

黄山遊覽必攜全書一册
（定價大洋捌角）
外埠酌加郵費

編　者　　歙縣江振華

發行處　　上海貝勒路徽甯學校

道德書局

棋盤街錦章書局

五馬路亞東書局

图 29-1　1934 年道德书局发行江振华《黄山游览必携》版权页

图 29-2　版权印
尺寸：22mm×13mm

释文：江振华

印章赏析：江振华的版权印为椭圆形阳文朱印，印文从右至左为隶书体"江振华"三字。印面文字除了中文之外在下方还有英文无衬线黑体"T.H.CHIANG"名号，中英文之间用中间有小圆点分割的横线区隔，由印面能看出作者受到了西洋文化的影响。印面疏朗，印文醒目，这在当年是一枚新潮的实用型版权印，是中西方文化碰撞交流的体现。

30 姜亮夫

姜亮夫（1902—1995），原名姜寅清，字亮夫，以字行，晚号成均老人，云南昭通人。著名楚辞学、敦煌学、历史文献学家，教育家。师从王国维、梁启超、陈寅恪等诸名家。曾任暨南大学、复旦大学、河南大学、西北大学、东北大学、云南大学教授，云南大学文学院院长、云南省教育厅厅长。新中国成立后，任浙江师范学院、杭州大学教授，国务院学位委员会委员。一级教授。著有《楚辞通故》《敦煌学概论》《中国声韵学》《文学概论讲述》《历代名人年里碑传总表》《张华年谱》等。

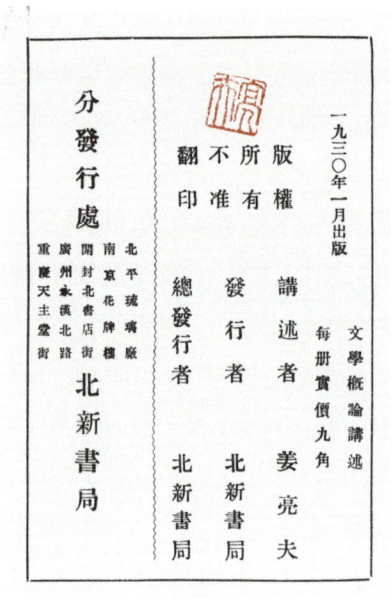

图 30-1　1930 年北新书局出版姜亮夫《文学概论讲述》版权页

版权证考： 姜亮夫的版权证所见有两种。一见于 1930 年北新书局初版的《文学概论讲述》，版权页版权声明处钤盖其印一枚，朱文，篆书，印文为"亮夫"。再见于北新书局 1931 年再版的《文学概论讲述·第一卷》、1933 年初版的《文学概论讲述 2》、1934 年初版的《续词选笺注》，诸书版权页贴有其印一枚，朱文，篆书，印文为"亮夫"。这两枚印章印文相同，唯印章形式与字体有异。

图 30-2　版权印
尺寸：7mm×7mm

释文： 亮夫

印章赏析： 此书中姜亮夫的版权印为阳刻篆书红印方章，印文从右至左，为"亮夫"二字。印面文字借方形边框取势，左右布局均匀，笔画直中带曲、方中寓圆，以文字笔画代边栏，有儒雅的书卷气息。

31 蒋光慈

蒋光慈（1901—1931），原名蒋如恒，后改名蒋宣恒，号侠生，笔名蒋光赤、蒋光慈、华维素等，安徽六安人。现代著名小说家、诗人。1921年赴莫斯科东方共产主义劳动大学学习，次年加入中国共产党。回国后，在中国共产党北方区执行委员会工作。曾任《海风周刊》《新流月报》主编，上海大学教授，"左联"常务委员会候补委员。1931年病逝。1957年被安徽省民政部门追认为革命烈士。著译有《短裤党》《哭诉》《胜利的微笑》《冲出云团的月亮》《新梦》《一周间》《乡情》《冬天的春笑》《俄国文学概论》（著者华维素）等。

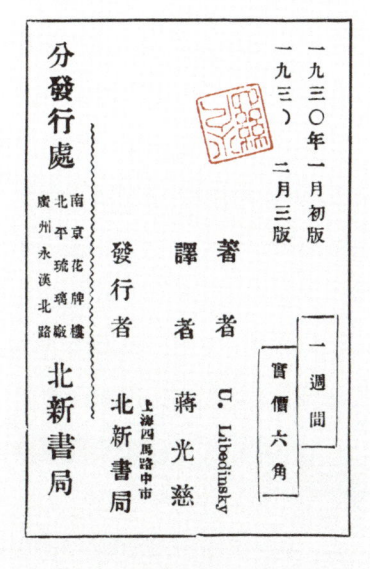

图 31-1　1930年北新书局出版蒋光慈译《一周间》版权页

版权证考： 蒋光慈的版权证仅见一种，形式为贴印。1930年北新书局出版的《一周间》（第三版），版权页贴有印章一枚，方形，朱文，篆书，印文为"光慈"。北新书局出版的《冲出云团的月亮》（1930年1月初版，1930年5月第五版，1930年6月第六版），上海新文艺书局1933年出版的《乡情集》（初版），1928年上海现代书局出版的《哭诉》（初版），这些书的版权页均贴有该版权印。

图 31-2　版权印
尺寸：13mm × 13mm

释文： 光慈

印章赏析： 此书中蒋光慈的著作版权印为阳刻篆书红印，印文从右至左，为"光慈"二字。印面文字左右均匀布局，文字与边栏都为细朱文，笔画取方势，细腻雅致，折笔有力道，工整无断笔，设计感强烈，无破边，呈现出清朗秀丽的精致风格。

32 康白情

康白情（1896—1958）[①]，原名康泽刚，字洪章，[②]四川安岳县人。著名的五四诗人，白话新诗的开拓者之一。北京大学毕业。曾与傅斯年、罗家伦组织新潮社，创办《新潮》杂志。受李大钊之约，创办《少年中国》月刊。北京大学五四运动学生领袖之一，全国学生联合会主席。大学毕业后，曾入美国加利福尼亚大学攻读政治经济科研究生，在此期创立"新中国党"。回国后，曾任川军司令部秘书长、旅长。云南绥靖公署上校参议、云南民政厅秘书。山东大学、中山大学、厦门大学、文化大学、华南师范大学教授。新中国成立后，先后任中山大学、华南师范大学教授。著有《草儿在前集》（诗集）《草儿》（诗集）《河上集》（诗集）。

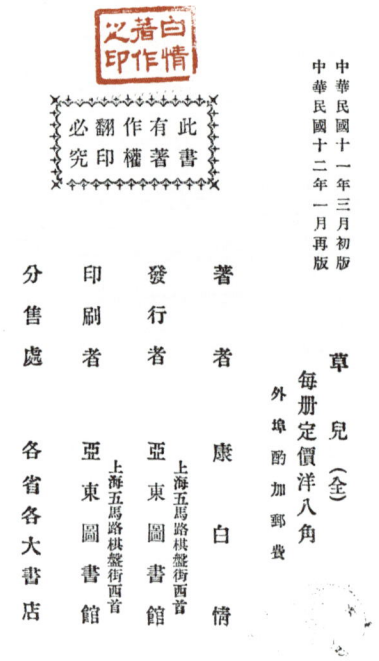

图 32-1　1923 年亚东图书馆出版康白情《草儿》版权页

版权证考： 康白情的版权证所见有两种，形式为版权票。一见于亚东图书馆 1922 年初版和 1923 年再版的《草儿》，版权页版权声明处贴有版权票，票上钤盖印章一枚，长形，朱文，隶书，印文为"白情著作之印"。再见于亚东图书馆 1924 年出版的《河上集》（著者康洪章）和 1924 年出版的《草儿在前集》（第三版，著者康洪章），版权页版权声明处贴有版权票，票上钤印章一枚，方形，朱文，篆书，印文为"康洪章著"。

---

①康白情的卒年，有文章称为 1959 年。根据李育中藏《河上集》〔民国十八年（1929）第四版，著者康白情〕，题名页钤盖有李育中手章，手写"亡友之什，计逝于 1958 年初在归蜀途中"字样。

②有文章称康白情字鸿章。根据 1924 年出版的《草儿在前集》（第三版，著者康洪章）版权票上的印章可知，"鸿章"应为"洪章"。

图32-2 版权印
尺寸：24mm×17mm

释文： 白情著作之印

印章赏析： 此书中康白情的版权印为红色阳文隶书长方形图章，印文为"白情著作之印"六字。印面尺寸较大，钤盖在专门制作的锯齿边空白版权票上，文字从右至左分三竖行，每行两字均匀排列，文字笔画较粗，但字间距较大，布局沿用了隶书的章法，外有粗边栏框定文字。他的版权印醒目而实用，标识性与功能性都很强。

33 黎明社

黎明社（1925—1927），成立于1925年，主要成员为复旦大学师生。最初只有刘大白、陈望道、王世颖等十余人，后又有谢六逸、沈雁冰、冯三昧等人加入，成员最多时达四十余人。1925—1927年间，黎明社发行了《黎明社丛书》，由开明书店出版。丛书先后出版了刘大白的诗集《邮吻》、王世颖的散文集《佝偬》、徐蔚南译的《法国名家小说选》、钟敬文的民间文学论集《蛋歌》和刘大白的诗话《旧诗新话》五种。

版权证考：黎明社的版权证所见有两种。一为版权票形式，见于开明书店1928年初版、1929年再版的刘大白著《旧诗新话》。版权页版权声明处贴有此版权票，开明书店检票上钤印一枚，朱文，篆书，印文为"黎明社丛书"。1929年开明书店初版徐蔚南翻译的《法国名家小说选》，版权页亦贴有此版权票，唯印色为蓝色。二见于开明书店1926年初版王世颖的《佝偬》、1927初版钟敬文的《蛋歌》和再版刘大白的《邮吻》，版权页无版权票，只贴有"黎明社丛书"印，朱文。

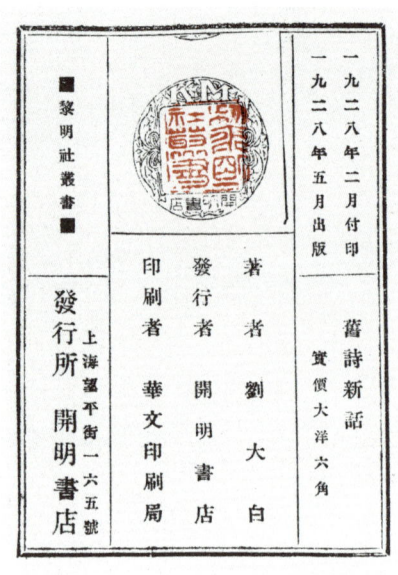

图33-1 1928年开明书店出版刘大白《旧诗新话》版权页（开明书店检票原为紫色）

图33-2 版权印
尺寸：15mm×15mm

释文：黎明社丛书

印章赏析：此书中黎明社的版权印钤盖在开明书店的检票上，版权印为阳刻篆书红印，印文从右至左，从上到下，为"黎明社丛书"五字。印面文字右侧为"黎明"二字，左侧为"社丛书"三字，文字大小不一，取法汉砖古拙的韵味，笔画松松落落；边栏散淡自然，若有若无。配合新艺术运动风格的检票，呈现出和而不同的后现代风格。

34 李璜

李璜（1895—1991），字幼椿，斋号学纯室，四川成都人。现代学者、政治活动家。法国巴黎大学硕士。"中国青年党"创人，"少年中国学会"创始人之一。曾任武昌大学、北京大学、成都大学教授，国民政府国防最高委员会参议会参议，国民参政会参议员，第三届参政会主席团主席，国民政府行政院政务委员兼经济部部长。1949 年后，任香港中文学院教授，台湾"总统府"资政。著译有《国家存在论》《法国文学史》《经济学要旨》《历史学与社会科学》《欧洲远古文化史》《法兰西学术史略》《新中国文化运动》等。

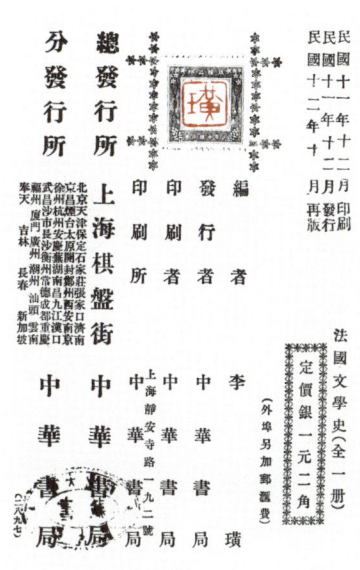

图 34-1　1923 年中华书局再版李璜《法国文学史》版权页

版权证考：李璜的版权证仅见一种，钤盖于"少年中国学会"检票上，检票中央钤盖印章一枚，印文为篆书"璜"。中华书局 1922 年初版的《法国文学史》、1921 年亚东图书馆初版的《法兰西文学史略》第一集、中华书局 1923 年再版的《法国文学史》，版权页版权声明处贴有此版权票，唯初版的《法国文学史》和《法兰西文学史略》第一集的印章为红色，再版的《法国文学史》的印章为紫色。

图 34-2　版权印（原为紫色）
尺寸：15mm×15mm

释文：璜

印章赏析：此书中李璜的著作版权印较为别致，由检票与版权印两部分组合而成。检票有当年国际流行的新式样运动时期的风格，是经花草藤蔓在外围装饰的锯齿状邮票纸型，中间留有钤盖版权印的方形空窗，版权印为阳刻金文篆书紫印，印文仅一"璜"字，而笔画设计"王"

小"黄"大，取不对称的谐动感。印文的章法布局，在于各显神通，平既不易，因平易板；而险也难，难于失稳。该版权印，笔画简约，开合节奏赋予变化和趣味，"黄"字上下用三角形的斜形笔画稳住重心的同时，又有向上升腾之感，边栏方中带圆，粗细与文字笔画相同，不作破边处理，印文凝练醒目，是西方藏书票与东方藏书印相互结合而应用在版权信息上的一种典范设计。

35 李青崖

李青崖（1886—1960），原名允，字戊于，笔名青崖，以笔名行，湖南湘阴人。著名法国文学翻译家。比利时列日大学毕业。曾任复旦大学、湖南大学、中央大学教授。新中国成立后，任上海震旦大学教授、上海市文献委员会主任、上海市文化局社会文化事业管理处处长、上海市人民政府参事、上海市文史研究馆副馆长。李青崖一生倾注于法国文学的翻译，先后翻译了大仲马、左拉、莫泊桑、巴尔扎克等人的著作，生前译作及著作达 34 部。著译有《一九三五年的世界文学》《俊友》《三个火枪手》《莐威荻集》《遗产集》《启示录的四骑士》《蝇子姑娘集》等。

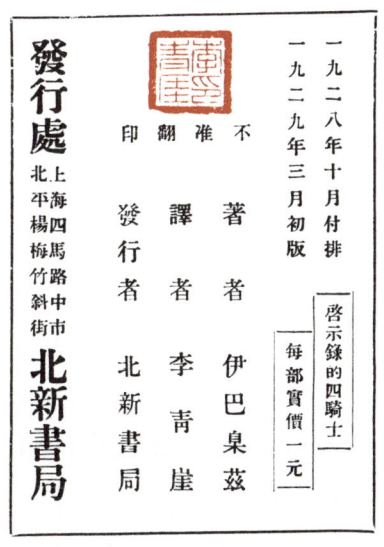

图 35-1　1929 年北新书局出版李青崖译《启示录的四骑士》版权页

版权证考：李青崖版权证仅见一种，为手章。北新书局 1929 年出版的《莐威荻集》《启示录的四骑士》，1931 年出版的《蝇子姑娘集》等，版权页皆钤盖其手章，朱文，篆书，印文为"李青厓印"。

图 35-2　版权印
尺寸：17mm×17mm

释文：李青厓印

印章赏析：此书中李青崖的著作版权印为阳刻篆书红印，印文从右上角呈逆时针排列，为"李青厓印"四字。印面文字均匀分布，笔画粗细均匀，横平竖直，粗边栏与细笔画形成鲜明对比，无破边，明快端庄。翻译工作者信、达、雅的态度跃然纸上。

36 李宗吾

李宗吾（1879—1943），原名世铨，改名世楷，字宗儒，改字宗吾，以字行，四川富顺（今自贡市）人。民国著名学者，以《厚黑学》为世人所知。曾任四川军政府审计院第三科科长、四川官产竞卖经理处总经理、官产清理处处长、四川省视学（即后来之省督学）、四川省教育科副科长、四川省政府政闻编审委员。著有《中国学术之趋势》《心理学与力学》《厚黑学》等。

版权证考： 李宗吾的版权证所见有两种。一见于 1936 年自费出版的《中国学术之趋势》，版权声明处钤盖其手章一枚，朱文，篆书，印文为"李宗吾印"，行文为上下右左。再见于 1938 年自费出版的《心理学与力学》及《厚黑丛话》（再版）所用的手章，朱文，篆书，印文为"李宗吾印"，行文为逆时针。

西北大学图书馆所藏《心理学与力学》《厚黑丛话》（再版）的封底及《中国学术之趋势》的封二有李宗吾手书"北平大学法商学院存阅，李宗吾赠"字样，李宗吾名下钤盖有手章。李宗吾传世墨迹极少，因此，上述三部书的题词弥足珍贵。

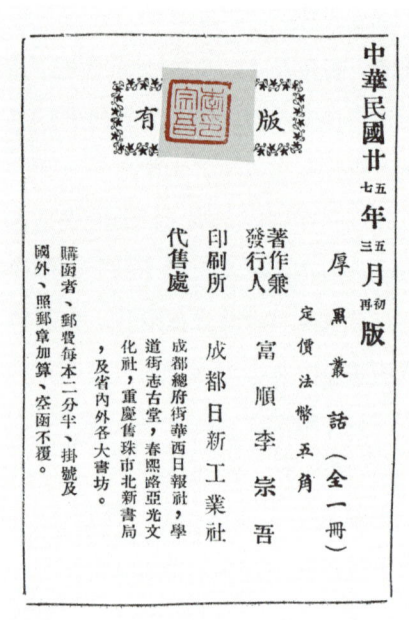

图 36-1　1938 年李宗吾自费出版《厚黑丛话》版权页

图 36-2　版权印
尺寸：10mm×10mm

释文： 李宗吾印

印章赏析： 此书中李宗吾的著作版权印为篆书阳文印，印文从右上角开始逆时针排列，为"李宗吾印"四字。印面文字布局均匀、笔画平整，四周外围饰以粗边栏，取其简便实用，而整体富于图案感与装饰性。

37　梁启超

梁启超（1873—1929），字卓如，一字任甫，号任公，又号饮冰室主人等，广东新会人。中国近代思想家、政治家、教育家、史学家和文学家。戊戌变法领袖之一，中国近代维新派、新法家代表人物之一。曾任袁世凯政府司法总长，京师图书馆、北京图书馆馆长。著有《中国近三百年学术史》《中国历史研究法》《清代学术概论》《儒家学案》《先秦政治思想史》《饮冰室丛箸》《墨经校释》《盾鼻集》等。

版权证考：梁启超的版权证仅一种，形式为手章，见于1922年商务印书馆出版的《墨经校释》（初版）。在版权页"著者新会梁启超"处钤盖其手章一枚，阳文，楷书，印文为"梁启超印"，蓝色。商务印书馆1916年出版的《盾鼻集》（初版）、1922年出版的《梁任公学术讲演集》（初版）、1924年出版的《饮冰室丛箸》（四版），这些书的版权页上皆盖有此章，印色为红色。

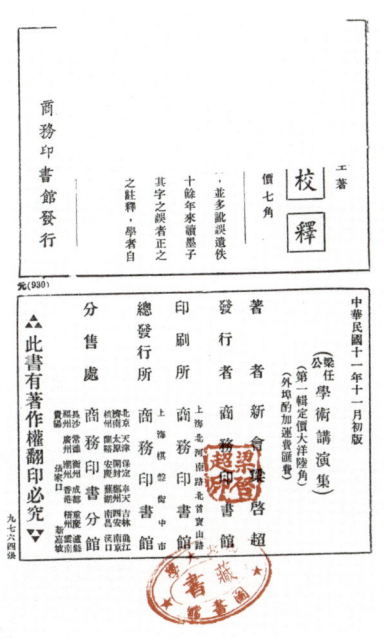

图37-1　1922年商务印书馆出版梁启超《梁任公学术讲演集》版权页

图37-2　版权印
尺寸：17mm×17mm

释文：梁启超印

印章赏析：此书中梁启超的著作版权印是阳文魏碑体楷书，印文为"梁启超印"四字。字体为梁启超亲笔所书，是其惯用的魏碑楷书风格，印文边栏是专门设计过的不规则粗线条形式，有意识造成上大下小的破边形态，具有汉代泥封的韵味，与印文相照有汉魏遗风。钤印时直接叠盖在书籍版权页上，此"濡朱"之制，无须另外贴附其他钤印纸型，这与封泥简便而粗犷的应用方式如出一辙，由此亦可见梁启超借古开今的思想追求。

38　刘伯明

刘伯明（1887—1923），名经庶，字伯明，以字行。原籍山东，出生于南京。中国现代教育的先驱，哲学家、教育家。获美国西北大学研究院博士学位。曾任金陵大学教授，东南大学教授、校长办公处主任。著译有《西洋古代中世纪哲学史大纲》《近代西洋哲学史大纲》《思维术》。

版权证考：刘伯明的版权证见于1926年中华书局出版的《思维术》（第九版），版权页版权声明处贴有其手章一枚，朱文，篆书，印文为"刘伯明印"。该书初版、第七版、第十版亦贴有此印章。

刘伯明的《西洋古代中世纪哲学史大纲》和《近代西洋哲学史大纲》亦由中华书局出版，但其版权页所贴的版权证皆为"缪凤林"印章。此二书原为刘伯明1920年在南京高等师范学校"暑期学校"所作演讲，由缪凤林记录。刘伯明去世后，由缪凤林整理出版。根据民国时期著作权法，缪凤林取得版权，所以，这两部书上的版权证为缪凤林之证，而非刘伯明之证。

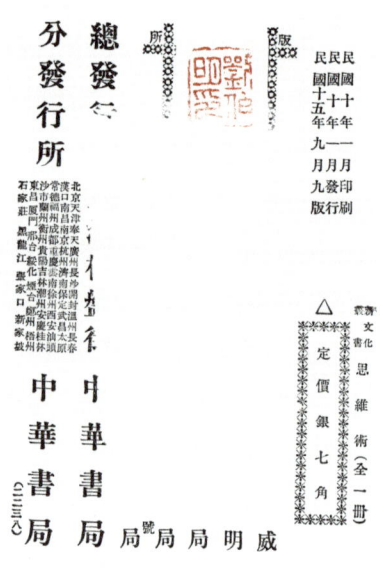

图38-1　1926年中华书局出版刘伯明译《思维术》版权页

图38-2　版权印
尺寸：18mm×20mm

释文：刘伯明印

印章赏析：此书中刘伯明的著作版权印为阳文篆书朱印，印章成方形，印文右起自上而下，从右至左为"刘伯明印"四字。印文各字基本均匀分布，文字有钟鼎文特征，笔画方多圆少，顿脚明显，力如屈铁。印边纤细并做破边处理，形成气口与留白，并借助文字笔画穿插，断续之间形成铜铸风格。明朗与古雅，率真与厚重，在此枚版权印中得到调和。

39 刘盼遂

刘盼遂（1896—1966），原名铭志，字盼遂，以字行。河南息县（今属信阳市）人①。著名古典文学研究专家、古典文献学家、语言学家、藏书家。毕业于清华大学国学院。曾任北平女子师范大学研究员，中州大学、河北大学、清华大学、辅仁大学、燕京大学、河南大学教授，中国大学研究院研究员。1946—1966年任北京师范大学教授。二级教授。第三届全国人大列席代表。著有《论衡集解》《世说新语集解》《文字音韵学论丛》等。

版权证考： 刘盼遂的版权证见于1935年北平人文书店出版的《文字音韵学论丛》（初版），版权页版权声明处钤盖其手章一枚，朱文，隶书，印文为"刘盼遂印"。

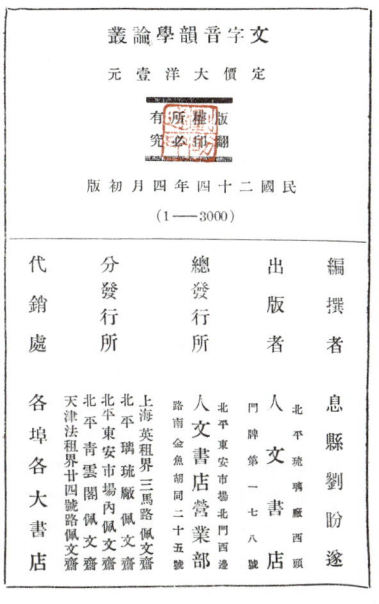

图39-1 1935年人文书店出版刘盼遂《文字音韵学论丛》版权页

图39-2 版权印
尺寸：14mm×14mm

释文： 刘盼遂印

印章赏析： 此书中刘盼遂的著作版权印为隶书体阳文印，印文分田字界格，右起自上到下，从右至左，均分为"刘盼遂印"四字。印文的朱文画笔略细于边栏，印面呈倚正平和、淡雅清新之风。

① 一说为河南淮滨人。根据民国二十二年（1933）新修出版的《太康县志》所附修志职员表，刘盼遂为主纂，时为清华大学教授。刘盼遂自称为息县人。刘盼遂著《高邮王氏父子年谱》中亦称"息县刘盼遂"。

40 刘汝霖

刘汝霖（1905—198？），字泽民，号白村，生于河北雄县。民国时期著名经学家。北平师范大学毕业。曾任《中国大辞典》编纂处特约编纂员。1949年任职于军委公安部办公厅研究室。从1950年至1966年退休，一直在北京图书馆参考咨询组工作。刘汝霖以《汉晋学术编年》和《东晋南北朝学术编年》而享誉学术界。20世纪三四十年代编纂《续修四库全书总目提要》时，刘汝霖为编纂人之一。在经部十一类中，参加了七类的编纂工作，并任"四书类"和"纬书类"的整理人。著有《汉晋学术编年》《东晋南北朝学术编年》《周秦诸子考》等。

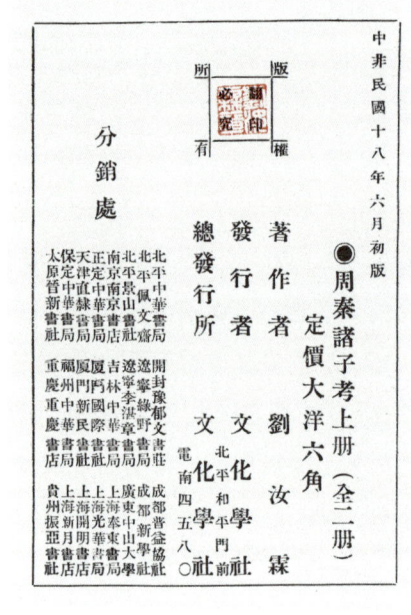

图40-1 1929年文化学社出版刘汝霖《周秦诸子考上册》版权页

版权证考：刘汝霖的版权证见于1929年北平文化学社出版的《周秦诸子考上册》（初版），版权页版权声明处钤盖其手章一枚，白文，篆书，印文为"刘汝霖章"。

图40-2 版权印
尺寸：12mm × 12mm

释文：刘汝霖章

印章赏析：此书中刘汝霖的著作版权印为阴刻篆字红印，印文右起从上到下，从右至左，为"刘汝霖章"四字。印面较小，文字在印面中各占四分之一，文字笔画粗细均匀，外围无边栏，亦不破边，非常含蓄平实，给人以温柔敦厚之感，是一枚文化学者实用的版权印。

41 刘文海

刘文海（1891—1983），字静波，陕西渭南人。美国威斯康辛大学政治学硕士。曾任东南大学教授，西北大学教务长，东北大学系主任。1928年后，弃教从政。先后任国民政府审计院第一厅厅长，浙、川、赣、闽、台五省审计处处长。后任台湾电力公司监察，"行政院"改进财务行政委员会委员等职。1924年以东南大学教授身份受邀赴西北大学"暑期学校"讲学，演讲题目为《近世大国家主义》。著有《西行见闻记》《近世大国家主义》。

版权证考： 刘文海的版权证仅见1933年南京书店出版的《西行见闻记》，版权页版权声明处贴有其手章一枚，白文，篆书，印文为"刘文海印"。

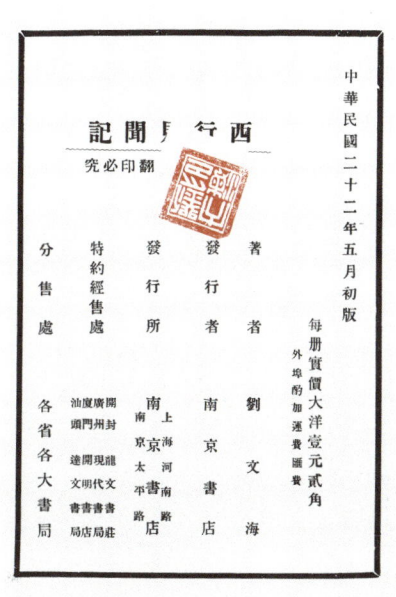

图41-1　1933年南京书店出版刘文海《西行见闻记》版权页

1981年刘文海在台北自刊发行的《刘文海先生文集》，版权声明处钤盖其手章一枚，方形，朱文，篆书，印文为"刘文海"。

图41-2　版权印
尺寸：23mm×23mm

释文： 刘文海印

印章赏析： 此书中刘文海的著作版权印为阴刻篆字红印，文字从右上方起，呈逆时针排列，印面为"刘文海印"四字。文字依四方形设计，在印面中布局均匀，笔画白文较粗，专设细白边栏紧依文字，外围有厚实的红色方边，皆无破边，印面文字向内收紧，与宽边相配合，有玉石玺印风格。

42 刘亦珩

刘亦珩（1904—1967），又名一塞，字君度，直隶安州（今河北安新）人。中国现代数学家、数学教育家。日本广岛文理科大学数学系毕业。先后任北京师范大学、安徽大学、国立西安临时大学、西北联合大学、西北大学教授。新中国成立后，任西北大学教授，中国数学会西安分会（后陕西省数学会）常务理事，并代表西安分会出任《数学通报》分会专推编辑。著译有《芬氏空间共形变换》《初等近世几何学》《线性代数学》《工程力学系统》《粘性流体理论》等。

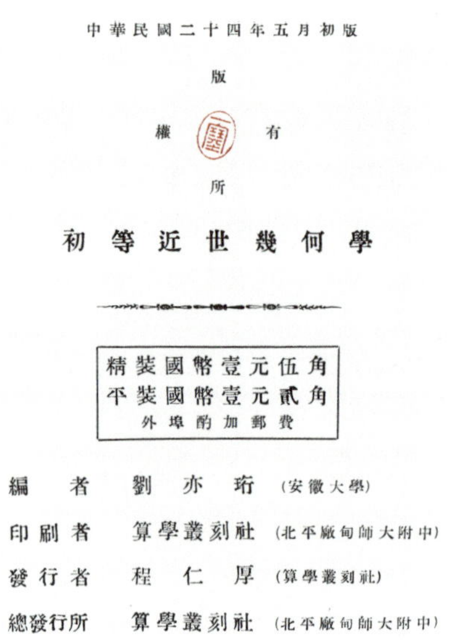

版权证考： 刘亦珩的版权证仅见于算学丛刻社1935年初版的《初等近世几何学》，版权页版权声明处贴有印章一枚，椭圆形、朱文、篆书，印文为"一塞"。

中華民國二十四年五月初版

版

權　有

所

初 等 近 世 幾 何 學

精裝國幣壹元伍角
平裝國幣壹元貳角
外埠酌加郵費

編　者　　劉　亦　珩　（安徽大學）
印　刷　者　算學叢刻社　（北平廠甸師大附中）
發　行　者　程　仁　厚　（算學叢刻社）
總發行所　算學叢刻社　（北平廠甸師大附中）

图 42-1　1935年算学丛刻社出版刘亦珩《初等近世几何学》版权页

图 42-2　版权印
尺寸：9mm×11mm

释文： 一塞

印章赏析： 此书中刘亦珩的著作版权印为阳文小篆朱文圆印，印文从上至下，为"一塞"二字。印文按文字笔画多少，上小下大排列，布局强调对比，文字用方形圆朱文设计，外饰与文字笔画同样粗细的椭圆形圆框，方圆相济，小巧精致。这枚图章从工法上来看，似乎是牙角质地，印面文字与边框皆无断笔，笔画设计均衡、宁静，是一枚典雅而别致的著作版权印。

43 卢怀道

卢怀道（生卒年不详），江苏如皋人[①]。早年留学美国。曾任复旦大学、苏皖联立技艺专科学校、福建学院教授，暨南大学训导长、商学院院长、教授，之江大学教授。新中国成立初期，曾任之江大学教授。译有《范氏成本会计》《会计学原理（初级）》《会计学原理（中级）》《会计学》等。

版权证考： 卢怀道的版权证所见有两种。一见于龙门联合书局 1948 年初版的《会计学原理（中级）》、1948 年再版的《会计学原理（初级）》，在版权页版权声明处贴有"天马明驼"印章。再见于龙门联合书局 1947 年初版的《会计学原理（初级）》，在版权页版权声明处贴印章一枚，方形、朱文、篆书，印文为"石田稽夫"。

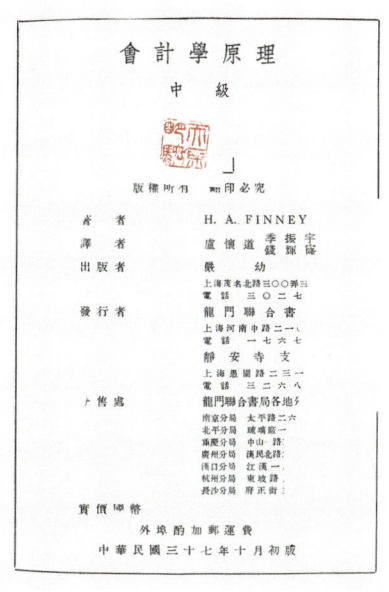

图 43-1 1948 年龙门联合书局出版卢怀道等译《会计学原理（中级）》版权页

图 43-2 版权印
尺寸：19mm×19mm

释文： 天马明驼

印章赏析： 此书中卢怀道的著作版权印为阳文籀篆体"天马明驼"四字印。文字右起从上至下，从右至左排为两列，每列两字，印文四字均分正方形印面。文字笔画状如屈铁，粗犷有力，冲边刀法老辣，保留了文字线条的斑驳感。外饰边框比文字笔画较细，并做破边处理，进一步增强了古拙之意。文字笔画长短参差，大开大合，取势险要、大气。钤之若驼足踏沙，老辣古拙之趣跃然纸上，印文风格与文字内容相映成趣，具有大漠驼铃所经历的沧桑感与空旷感。

---

① 一说为福建浦城人。据有关暨南大学校友回忆文章，卢怀道为苏北籍。另据蒋维乔讲，"如皋卢怀道"（蒋维乔.中国的呼吸习静养生法[M].上海：上海卫生出版社，1956：10.）。卢怀道有版权印"石田稽夫"，石田为如皋县石田乡，所以，卢怀道应为江苏如皋人。

44 鲁迅

鲁迅（1881—1936），原名周樟寿，后改名周树人，字豫山，后改字豫才，笔名有鲁迅等，浙江绍兴人。著名的文学家、思想家，新文化运动的杰出代表人物，中国现代文学的奠基人。曾任绍兴师范学校校长，南京临时政府教育部社会教育司科长，北京政府教育部金事。北京女子师范大学、北京大学讲师，厦门大学、中山大学教授。1924年，应西北大学校长傅铜之邀，赴西北大学"暑期学校"讲学，演讲题目《中国小说之历史的变迁》。著译有《中国小说史略》《鲁迅自选集》《出了象牙之塔》《艺术论》《文艺与批评》《两地书》等。

版权证考：鲁迅的版权证所见有五种，版权证形式皆为贴印，印文皆为"鲁迅"，唯印文书体不一，有楷书、篆书等。一见于1929年大江书铺出版的《艺术论》（初版），版权页贴有版权票，四周绿色花饰，票下方印"大江书铺"，上方印"著者检印"，票面钤盖鲁迅长方形印章一枚，朱文，印文为楷书。此印亦见于水沫书店1930年再版的《文艺与批评》。二见于北新书局1929年第五版的《中国小说史略》，版权页贴印为方形、蓝色，印文为楷书。三见于北新书局1932年再版的《出了象牙之塔》，版权页贴印为方形，蓝色，印文为篆书。四见于北新书局1935年第四版的《出了象牙之塔》，版权页贴印为方形，白文，印文为篆书。此印在北新书书局出版鲁迅的著作中最为常见。五见于鲁迅逝世后"鲁迅先生纪念委员会"编纂的《鲁迅全集》和《鲁迅三十年集》的各种版本（光华书店东北版《鲁迅全集》上的版权证为印刷形式），此印与第四种印颇为相似。

鲁迅著作《两地书》，其版权为许广平所有。青光书局（即北新书局）出版的此书，在版权页贴有许广平印章，椭圆形，白文，篆书，印文为"广平"。

图44-1 1947年鲁迅全集出版社出版鲁迅《汉文学史纲要》版权页

图 44-2 版权印
尺寸：15mm×15mm

释文：鲁迅

印章赏析：鲁迅的这枚著作版权印为阴刻金文篆书"鲁迅"二字，钤印于锯齿形邮票纸上，文字右鲁左迅，笔画强如铁铸、均匀中赋予朱白变化的设计感，有意不设外边，而将印章四角收圆，并在"鲁"字下方与"迅"字左下方作破边法处理，有古老凝重之味，内容简约，形式醒目，由此亦可见鲁迅老中见新的审美旨趣之高。

45 陆侃如与冯沅君

陆侃如（1903—1978），原名侃，又名雪成、衍如，字衍庐，笔名小壁，江苏太仓人。现代著名学者。法国巴黎大学文学博士。曾任复旦大学、安徽大学、武汉大学、山东大学等大学教授。新中国成立后，任山东大学副校长、教授。一级教授。九三学社第四届中央委员。著作有《乐府古辞考》《中国诗史》（与冯沅君合著）、《中国文学史简编》（与冯沅君合著）等。

冯沅君（1900—1974），女，原名冯恭兰、淑兰，字德馥，笔名淦女士、沅君，河南唐河县人。现代著名作家、中国古典文学史家。与陆侃如为夫妻。法国巴黎大学文学博士。曾任武汉大学、河南大学、东北大学教授。

图 45-1　1931 年大江书铺出版陆侃如、冯沅君《中国诗史》版权页

新中国成立后，任山东大学副校长、教授。一级教授。著作有《孤本元明杂剧钞本题记》《古剧汇说》《春痕》《劫灰》《中国文学史二十讲》（与陆侃如合著）等。

版权证考：陆侃如与冯沅君合著的版权证，见于 1931 年大江书铺出版的《中国诗史》（初版），版权页上贴有印章一枚，白文，印文为一篆书"珏"字。此印又见于 1928 年北新书局初版的《春痕》、1932 年大江书铺出版的《中国文学史简编》（初版，大江百科文库版）、1933 年大江书铺出版的《中国诗史》（第四版），版权页亦贴有此印，唯印色为蓝色。此印文用白文，且为夫妻合著用，暗合"一对白玉"之意。

陆侃如个人版权证见于 1933 年大江书铺出版其翻译的小仲马《金钱问题》（初版），版权页贴有版权票一枚，但残损严重、难以辨识。

冯沅君个人版权证见于北新书局 1929 年出版的《劫灰》，版权页版权声明处钤盖其印一枚，朱文，篆书，印文为"沅君"。

图 45-2 版权印
尺寸：14mm×14mm

释文：珏

印章赏析： 陆侃如、冯沅君夫妻合著的这枚著作版权印为阴刻篆文方形朱印。印面单书一"珏"字，"珏"字本意为合在一起的两块玉，以此为铭印想必有伉俪情深的用意。"珏"字设计风格同样具有玉印的美感，笔画较粗且珠圆玉润，均衡中凸显对比，既有左小右大的对比，也包含上轻下重的对比。印文"玉"字中两笔下行，如同器皿之双足，颇显独特。整体印文朱白相间给人以洁净与升华之感，由此亦体现出著作者高雅的审美格调。

46　罗白

罗白（1913—2012），即赵德尊，笔名秋准、罗桑、罗白，斋号明斋，辽宁省辽中县人。中国共产党优秀党员、久经考验的忠诚的共产主义战士。1933年考入清华大学学习。曾任中共清华大学"左联"支部书记、校党支部书记、北平市学委秘书。中共冀西特委委员、统战部部长，中共晋冀特委组织部长兼宣传部部长，中共晋冀豫区第一地委副书记，中共黑龙江省委常委、组织部部长，中共黑龙江省委常委、副书记兼组织部部长，黑龙江省委书记、黑龙江省政府主席。新中国成立后，任黑龙江省委书记、省纪委书记、省政法委书记、省人大常委会主任。中共七大、十三至十六大代表。著有《秋罗集》等。

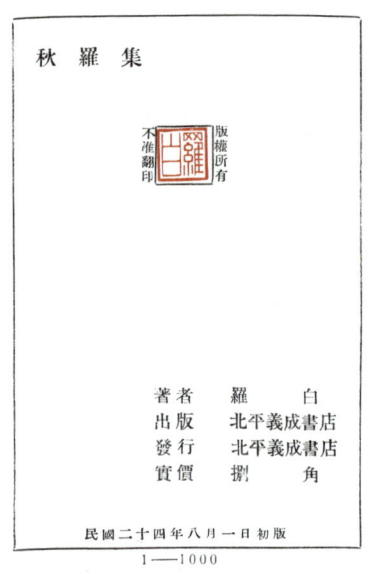

图46-1　1935年北平义成书店出版罗白《秋罗集》版权页

版权证考： 罗白的版权证仅见于1935年北平义成书店出版的《秋罗集》，署名为罗白，版权页版权声明处钤盖印章一枚，朱文，篆书，印文为"罗白"。

图46-2　版权印
尺寸：8mm×8mm

释文： 罗白

印章赏析： 此书中罗白的著作版权印为阳刻篆书红印，印文从右至左为"罗白"二字。印文左右布局匀称，笔画横平竖直，与方章边框平齐，文字依照笔画繁简，自然形成疏密对比，而边栏较粗于文字笔画，无破边，呈磊落硬朗之风。

47 罗根泽

罗根泽（1900—1960），字雨亭，号漱冰，直隶深县（今河北深州市）人。著名古典文学研究专家。曾任河南大学、河北大学、中国大学、北京师范大学、西北联合大学、国立西北大学、中央大学教授。新中国成立后，任南京大学教授，中国科学院社会科学部文学研究所兼职研究员。一级教授。著有《古史辨》（第四、六册）《管子探源》《中国文学批评史》《乐府文学史》《周秦两汉文学批评史》《晚唐五代文学批评史》等。

版权证考：罗根泽的版权证所见有四种。一见于朴社 1933 年初版、1935 年再版的《古史辨》（第四册），版权页贴有其版权印一枚，朱文，篆书，印文为"双漱版权"。二见于 1938 年开明书店出版的《古史辨》（第六册，初版），版权页贴有其版权印一枚，白文，篆书，印文为"双漱版权"。罗根泽号"漱冰"，则"漱冰"为其一"漱"也。另一"漱"查无出处。三见于 1931 年北平文化学社印行的《乐府文学史》（初版），版权页钤盖其手章一枚，朱文，篆书，印文为"罗根泽"。四见于 1924 年北平人文书店出版的《中国文学批评史 I》（初版），版权页版权声明处钤盖其手章一枚，方形，白文，篆书，印文为"罗根泽"。

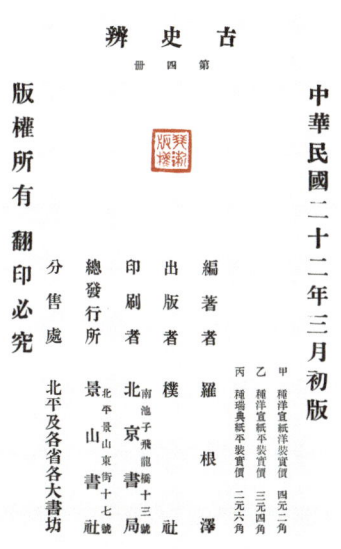

图 47-1 1933 年朴社出版罗根泽《古史辨第四册》版权页

图 47-2 版权印
尺寸：19mm×19mm

释文：双漱版权

印章赏析：此书中罗根泽的著作版权印为阳文籀篆体"双漱版权"四字印。印文成方形，文字右起从上至下，从右至左排为两竖列，每列两字，印文四字按传统田字格的布局均分正方形印面。文字笔画为古雅精美的籀篆文，"漱"字三点水局部加粗，凸显"漱"字，想必也是作者用意所在。外边线条宽且厚实，与印章文字笔画形成鲜明的粗细对比，钤盖朱红色印泥，红白粗细之间显得醒目有力。

48 马君武

马君武（1881—1940），原名道凝，字厚山，后改字君武，以字行，广西桂林人。中国近代著名教育家。德国柏林大学工科博士。曾任南京临时政府实业部次长、参议院议员，广西军政府秘书厅厅长，孙中山革命政府秘书长等。北洋政府司法总长、教育总长。后致力于教育，先后任大夏大学、中国公学、国立广西大学等校校长。著译有《德华字典》《矿物学》《失业人及贫民救济政策》《植物学教科书》《自然创造史》《实用主义动物学教科书》《赫克尔一元哲学》《达尔文物种原始》《收入及恤贫政策》等。

版权证考：马君武的版权证所见有四种。一见于 1922 年商务印书馆出版的《植物学教科书》（第三版），版权页贴有其证印一枚，白文，篆书，印文为"马君武所著书"。此印又见于 1918 年商务印书馆出版的《实用主义动物学教科书》（初版）、中华书局 1920 年 11 月再版的《达尔文物种原始》第四册和初版的《德华字典》的版权页。二见于 1925 年中华书局出版的《收入及恤贫政策》（初版），版权页贴有其印章一枚，方形，朱文，隶书，印文为"君武"。此印又见于 1930 年该书第五版。三见于中华书局 1929 年第八版的《赫克尔一元哲学》（下册），版权页贴有一印章，长方形，朱文，篆书，印文为"君武"。四见于中华书局 1927 年第七版的《赫克尔一元哲学》（下册），版权页贴印刷蓝色版权票，长方形，方框中间印刷楷书"马君武著作权"。

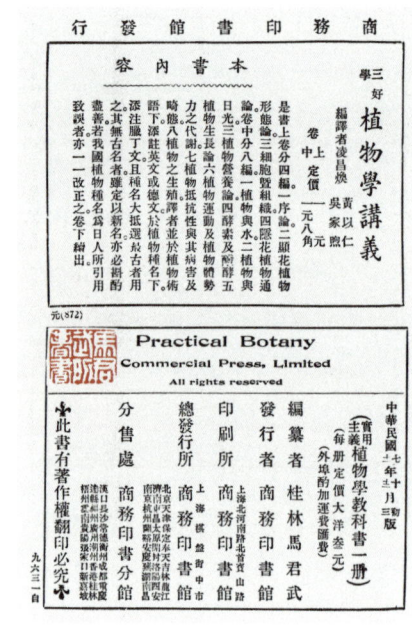

图 48-1　1922 年商务印书馆出版马君武《植物学教科书》版权页

图 48-2　版权印

尺寸：20mm×15mm

释文：马君武所著书

印章赏析：此书中马君武的版权印为阴刻白文篆字印，印文为"马君武所著书"六字。印面文字取法汉印，文字从右至左分三列，上下为两行，六字均匀分布，白文粗笔，字外无边栏，印章下方左右处皆作破边处理，文字间的笔画也有相连通之处，严密的笔画与红底相依托，显得苍古厚重，加之笔画曲少直多，慕古之情，寄印一方。

49 马凌甫

马凌甫(1884—1970),名步云,字凌甫,以字行,别号自力子,陕西合阳人。民国著名经济学家,当时与著名经济学家马寅初并称国内经济界的"南北二马"。曾留学日本研究经济学。回国后曾任西北大学教务长兼商科学长、经济学教授,陕西省第三届议会议长,陕西省教育厅厅长,国民政府全国经济委员会委员,西北实业调查团团长,北平平民大学校长,安徽省民政厅厅长,北洋工学院教授,河北省政府秘书长。新中国成立后,任南京市中山陵管委会委员,江苏省文史研究馆馆员等。著译有《日本侵略满蒙讲话》《国民经济学原论》《工业政策》等。

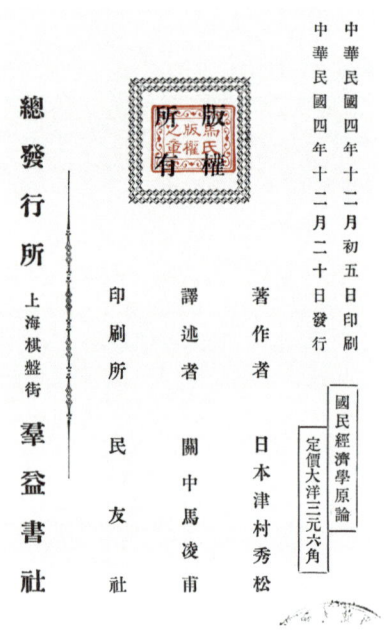

图49-1 1915年群益书社出版马凌甫译《国民经济学原论》版权页

版权证考:马凌甫版权证见于1915年群益书社出版的《国民经济学原论》,版权页盖其版权章一枚,长方形,紫色,四周花饰,阳文,隶书,印文为"马氏版权之章"。

图49-2 版权印(原为紫色)
尺寸:25mm×20mm

释文:马氏版权之章

印章赏析:马凌甫的著作版权印为长方形阳文隶书体紫印,印面文字为"马氏版权之章"六字。文字从右至左,从上至下分为三竖列,每列安排两字。文字为隶书形态,顿脚处结合了魏碑特征,显出硬朗的个性。外饰有波浪形卷草边框,显然这种装饰是受到19世纪末20世纪初在欧美国家所产生的"新艺术运动"的影响,而外围的边框线条外粗内细,又是中国文字装饰中典型的"文武线"。透过这枚版权章,可以看到中西方装饰艺术的融合与当时的国际化审美倾向。

50 马寅初

马寅初（1882—1982），字元善，浙江嵊县（今嵊州市）人。中国当代著名教育家、经济学家、人口学家。北洋大学堂毕业。获美国耶鲁大学经济学学士学位，哥伦比亚大学经济学硕士学位、博士学位和哲学博士学位。回国后，先后任北京大学教授、校评议会评议员、教务长。中国经济学会会长，中国银行顾问。浙江省政府委员、省财政委员会主席。立法院立法委员、立法院财政委员会委员长、经济委员会委员长。金陵大学、南京中央大学、上海交通大学、东吴大学、浙江大学教授，重庆大学商学院院长、教授。教育部学术审议委员

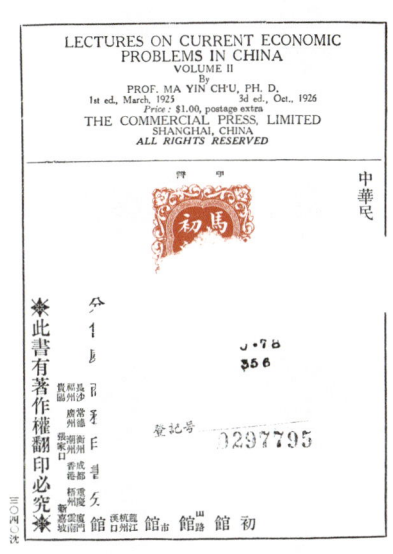

图50-1　1926年商务印书馆出版马寅初《马寅初演讲集》版权页

会委员，中央研究院院士。新中国成立后，任中央人民政府委员、政务院财政经济委员会副主任。华东军政委员会副主任，南京大学教授，北京大学、浙江大学校长，中国科学院哲学社会科学部学部委员。第一、二、五届全国人大常委会委员，第一、三届全国政协委员，第二、四、五届全国政协常委。著作有《马寅初演讲集》《中国经济问题》《新经济的道路》《新人口论》《通货新论》《中国之新金融政策》《中国关税问题》《经济学概论》等。

版权证考：马寅初版权证所见有两种。一见于商务印书馆1923年初版的《马寅初演讲集·第一集》和1925年初版、1926年第三版、1928年第四版的《马寅初演讲集·第二集》诸书的版权页，版权证为印刷的版权票，票面通体红底，中间为白文楷书"马寅初印"。二见于1926年北京晨报社出版的《马寅初演讲集·第三集》（初版）版权页，版权证为钤盖印，圆形，朱文，篆书，印文为"马寅初印"。

图50-2 版权票
尺寸：35mm×35mm

释文： 马（寅）初（印）

印章赏析： 此书中马寅初的著作版权标识是专为他设计的一枚红色版权票。版权票四周有同邮票一样的锯齿边，外围装饰有欧式卷草纹样，中间通过弧形装饰带开光，图案开光内书楷体"马（寅）初（印）"，红底白字，清晰醒目，楷体书法与欧洲纹饰相得益彰，代表了当时中西合璧的新审美风尚。

51 潘序伦

潘序伦（1893—1985），字秩四，江苏宜兴人。中国现代杰出的会计学家和著名教育学家，立信会计专科学校创始人。哈佛大学企业管理硕士，哥伦比亚大学经济学博士。曾任国民政府会计处会计局副局长，经济部常务次长。新中国成立后，曾任上海市高级会计技术职称评定委员会副主任。被国外誉为"中国会计之父"。著译有《簿记会计学》《成本会计》《高级会计学》《公司会计》等。

版权证考： 潘序伦版权证仅见于1929年世界书局出版的《公司会计》（初版），版权页版权声明处钤盖其手章一枚，白文，篆书，印文为"潘序伦印"。

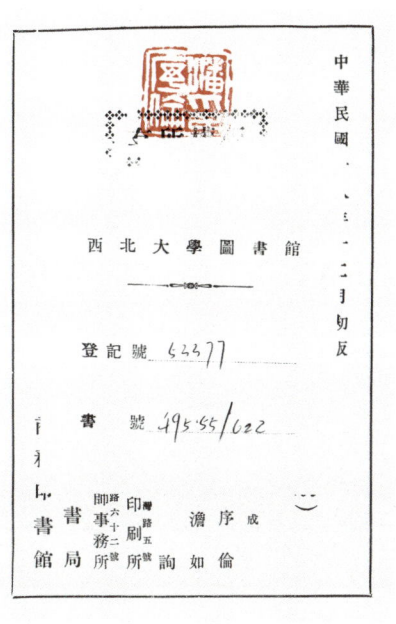

图51-1 1929年世界书局出版潘序伦《公司会计》版权页

图51-2 版权印
尺寸：27mm×27mm

释文： 潘序伦印

印章赏析： 他的著作版权印为阴文大篆籀书"潘序伦印"，文字从右上方起，呈逆时针排列，文字笔画粗犷有力，外饰同样粗细的白框，左右及上方用破边手法处理，钤于纸面，有老辣之趣与古拙之味。作为《公司会计》一书的版权印，与内容相照，有亦庄亦谐之韵。

52 朴社

朴社（1922[①]—1935），是由郑振铎、顾颉刚等人私筹经费在上海成立的学术出版机构。北平朴社地址为北平景山东街正十七号景山书社内，以顾颉刚为总干事，主要出版国学内容的书籍。1937年原朴社出版的书交由开明书店出版。朴社成员多为当时文化界之知名人士，计有顾颉刚、沈雁冰、叶圣陶、郑振铎、周予同、王伯祥、俞平伯、胡愈之、范文澜、冯友兰等。

版权证考： 朴社版权证仅见一种，形式为贴印。在该社1929年初版的《聊斋白话韵文》《水经注写景文钞》，1935年初版的《论语辩》，1931年再版的《戴氏三种》等书的版权页贴有印章一枚，朱文、篆书，印文为"朴社"。

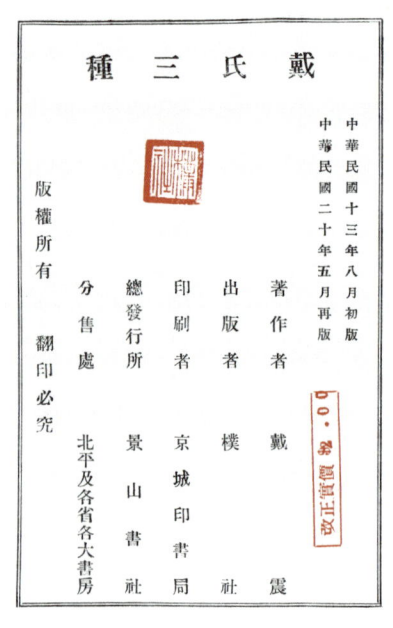

图52-1 1931年朴社出版戴震《戴氏三种》版权页

图52-2 版权印
尺寸：16mm×16mm

释文： 朴社

印章赏析： 朴社的这枚版权印典雅大方，是朱文小篆阳文印。文字从右至左为"朴社"二字，竖画上下多有贯通且排布较密，具有草木葳蕤生发之势。文字字形瘦长、笔画布局细致匀净，有圆朱文特征，但方多圆少，笔画在横平竖直间仅有转角处设计为圆形，显得硬朗整肃。印文饰有玺印一般的宽厚外边，外边与文字的圆朱纹细致笔画形成鲜明对比，醒目而庄重，恬淡而隽永，体现出朴社学人高级的文化品位与审美格调。

---

① 一说朴社成立于1923年。

53　钱穆

钱穆（1895—1990），原名恩荣，字宾四，笔名公沙、梁隐、与忘、孤云，晚号素书老人，江苏无锡人。著名历史学家。曾任北京大学、北平师范大学、西南联合大学、齐鲁大学、华西大学、四川大学、云南大学、江南大学教授。1949年后移居香港，曾任新亚书院（香港中文大学前身）院长。1966年移居台北，任台北"故宫博物院"特聘研究员、台湾"中央研究院"院士。著有《先秦诸子系年》《中国近三百年学术史》《国史大纲》《中国文化史导论》《孟子要略》等。

版权证考：钱穆版权证见于1934年大华书局出版的《孟子要略》（初版），版权页版权声明处上方贴有钱穆印章一枚，白文，篆书，印文为"穆"。

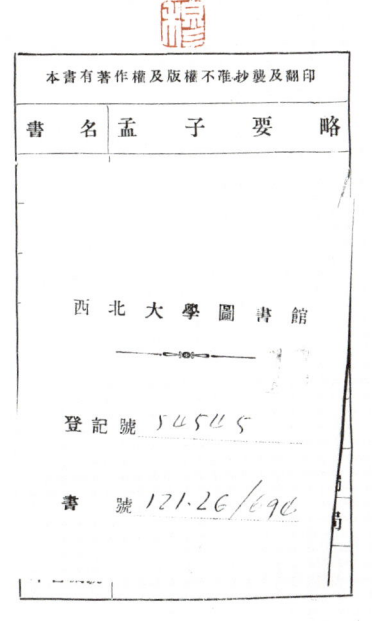

图53-1　1934年大华书局出版钱穆《孟子要略》版权页

图53-2　版权印
尺寸：12mm×12mm

释文：穆

印章赏析：此书中钱穆的著作版权印为阴刻篆书满白文红印，印文仅为一"穆"字。印文笔画方中带圆，宽展匀净，粗笔白文上下冲出边栏，字脚笔笔切方，开阔大气、端庄肃穆的风格，令人过目难忘。

54 钱用和

钱用和（1898—1990），女，字韵荷，号幸吾，又号禄园，江苏常熟人。著名教育家、社会活动家。曾任江苏省立第三女子师范学校校长，北京师范大学、暨南大学、金陵女子文理学院副教授，白沙女子师范学院、国立交通大学教授。宋庆龄私人秘书，第二届国民参政会参政员、国民党第六届候补中央监委、"国大代表"、监察院监察委员。1949年去台湾，任东吴大学教授，"监察院"监察委员，国民党第八至第十三届中央评议委员。著有《欧风美雨》《韵荷存稿》等。

版权证考：钱用和版权证所见有两种。一见于1935年京华印书馆所出版的《韵荷存稿》，版权页版权声明处钤盖其手章一枚，朱文，篆书，印文为"钱用和印"。此书封面钤有戴季陶赠书印，朱文，印文为篆书"戴传贤赠遗图书之印"。再见于1930年新纪元书店初版的《欧风美雨》，版权页钤其手章，方形，白文，篆书，印文为"钱用和章"。

图54-1　1935年京华印书馆出版钱用和《韵荷存稿》版权页

图54-2　版权印
尺寸：18mm×18mm

释文：钱用和印

印章赏析：此书中钱用和的著作版权印为阳刻金文篆体红印，文字从右上方起，呈逆时针排列，印面为"钱用和印"四字。文字在印面空间中分布均衡，笔画线条较细，与厚实的粗边栏形成鲜明对比。因为印面小，边框厚，文字为钟鼎细文篆书，而文字又向中心收束，对治印者的刀功提出了严苛的考验。文字小巧，笔画灵动，外围界栏不作破边，形成含蓄灵秀的钟鼎铭文风格。

55　任白涛

任白涛（1890—1952），幼名洪涛，笔名冷公、一碧，河南南阳人。著名新闻学者和报刊活动家。中国新闻学建设的开拓者之一。曾入日本早稻田大学政治经济科学习。曾任上海《民立报》《神州日报》《时报》《新闻报》特约通讯员，国民党军事委员会政治部第三厅设计委员，《新湖北日报》总编辑，第六战区中校参谋，湖北省政府参议员。1949年出席第一次全国文代会。新中国成立后，一直从事新闻学研究。1952年受周恩来之邀赴北京工作，未成行病逝。著译有《应用新闻学》《给志在文艺者》《最近各国的实习教育》《国际通讯的机构及其作用》《综合新闻学》《文艺学方法论》《西洋文学史》《恋爱心理研究》《有岛武郎论文集》等。

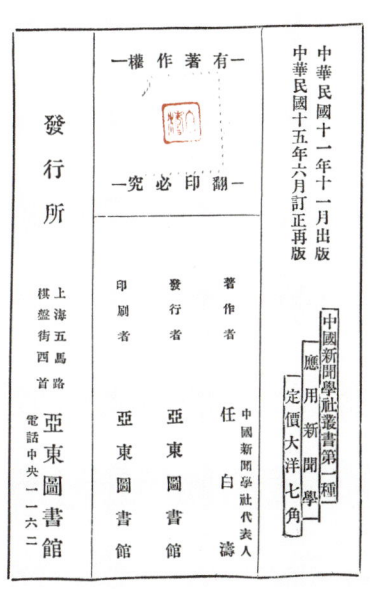

图55-1　1926年亚东图书馆出版任白涛《应用新闻学》版权页

版权证考： 任白涛版权证仅见一种，即"白涛"印，方形，篆书，唯印色不同。1922年自刊（以中国新闻社名义刊行）《应用新闻学》（初版），在版权页"作者任白涛"处钤盖"白涛"印，印色为淡紫色。亚东图书馆1926年再版的《应用新闻学》，1928年再版、1929年第三版的《给志在文艺者》，1927年再版的《近代恋爱名论》，1929第四版的《恋爱心理研究》，诸书版权页版权声明处贴有"白涛"印，黑色。神州国光社1933年出版的《有岛武郎论文集》，版权页版权声明处贴"白涛"印，印色为蓝色。

图55-2 版权印（原为黑色）
尺寸：8mm×8mm

释文：白涛

印章赏析：此书中任白涛的著作版权印为阳刻篆书墨印，钤盖在白色锯齿边版权票上，印面较小，印文从右至左，为"白涛"二字。印面文字左大右小，文字与边栏稍稍离开距离而向中心收束，笔画刀法细腻雅致，用空白托出文字本身的美感，素雅平和，边栏微微有破，呈现出恬淡质朴的自然风格。

56 山丁

山丁（1914—1997），原名梁梦庚，又名邓立，笔名梁孟庚、山丁、梁山丁、梁蒨、茅野、梁咏时等。祖籍河北冀州，出生于辽宁省开原县。现代作家、诗人。曾任"满洲文艺家协会"委员、"满映"编剧。《华北作家月报》《中国文学》《民众报》编辑。1945 年在北京加入中国共产党，同年到东北解放区。先后任西满洮南联中校长、东北文艺协会秘书、《生活报》记者、《东北青年报》编委。1951 年参加赴朝慰问团。1953 年任东北人民出版社编辑部文艺组组长、创作组组长。1979 年后，任辽宁省作家协会驻会作家，哈尔滨文学院名誉董事、教授，《东北现代文学史》编审顾问。著有《乡愁》《绿色的谷》《丰年》《山风》《季季草》《东北文学研究史料》等。

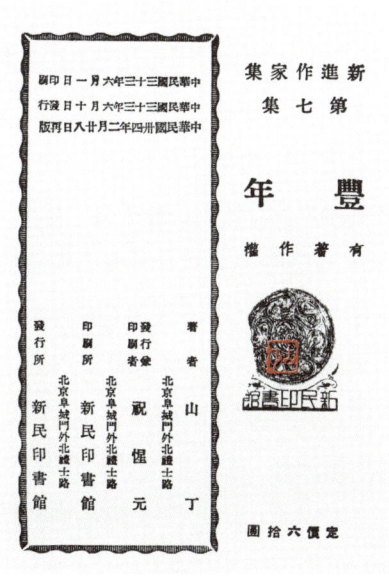

图 56-1　1945 年新民印书馆出版山丁《丰年》版权页（检票原为绿色）

版权证考： 山丁的版权证见于新民印书馆出版的《丰年》（1944 年初版，1945 年再版）的版权页，版权证形式为版权票。在新民印书馆的检票上钤盖印章一枚，方形，朱文，篆书，印文为"山丁"。

图 56-2　版权印
尺寸：8mm×8mm

释文： 山丁

印章赏析： 此书中山丁的著作版权印钤盖于新民印书馆的专用著作版权票上。印文为阳刻小字篆书红印，印文从右至左，为"山丁"二字，"山"字向上伸展，"丁"字向下伸展，倚靠于同文字笔画粗细相同的边栏，而取得印面上的视觉平衡，亦因为文字少、笔画简，而将印面尺寸收小，显得袖珍可爱，也反映出作者含蓄的修养与精致的趣味。

57　少年中国学会

少年中国学会（1919—1925），1918年由李大钊、张尚龄、周无、曾琦等发起，1919年在北京正式成立。少年中国学会囊括了当时中国各方面的精英，会员中有后来成为共产党人的毛泽东、恽代英、邓中夏、张闻天、赵世炎；有成为青年党人的左舜生、李璜、曾琦；有教科文界的朱自清、田汉、宗白华、许德珩、张申府等。少年中国学会除了出版学会刊物《少年中国》和《少年世界》外，还编辑出版了《少年中国丛书》，由中华书局出版。

版权证考：少年中国学会的版权证所见有两种。一种为少年中国学会活动期间出版的著作，版权页贴有版权票，票面上部印"版权之印"，

图57-1　1933年少年中国学会出版都德《小物件》版权页

下部印"少年中国学会"，中部空白处钤篆书"少中"印，蓝色。此版权证见于中华书局1923年初版李璜、余家菊合著的《国家主义的教育》和1924年初版王光祈著的《德国人之婚姻问题》版权页。另一种为少年中国学会停止活动后，中华书局重版的《少年中国学会丛书》，版权声明处只钤盖"少中"印，红色。该印见于少年中国学会1933年第七版李劼人翻译的《小物件》和1934年第四版的《德国人之婚姻问题》。

图57-2　版权印
尺寸：15mm×15mm

释文：少中

印章赏析：此书中少年中国学会的著作版权印为阳刻篆书红印，印面中的印文上下排列，为"少中"二字。因文字笔画较少，在印面中形成了大量留白，章法布局空灵匀净，笔画圆润祥和，笔画与外围界栏都由较细的圆朱纹线条构成，无破边，显得珠圆玉润，是一枚人文情趣高雅的特色版权印。

58　邵振青

邵振青（1886—1926），原名新成、镜清，后改为振青，字飘萍，浙江东阳人，一说为浙江金华人。民国著名记者、新闻学教育家。曾任京报社社长，北京平民大学、政法大学教授。北京大学新闻学会导师，会员有毛泽东、罗章龙等。1925年经李大钊、罗章龙介绍加入中国共产党。1926年被奉系军阀杀害。著有《实际应用新闻学》《新闻学总论》《各国社会思潮》。

版权证考：邵振青的版权证见于1923年北京京报馆出版的《实际应用新闻学》。版权页版权声明处钤盖其印章一枚，紫色，阳文，篆书，印文为"萍子振青"。

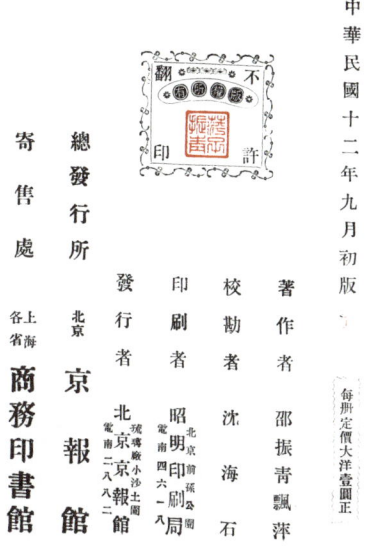

图58-1　1923年北京京报馆出版邵振青《实际应用新闻学》版权页

图58-2　版权印（原为紫色）
尺寸：12mm×12mm

释文：萍子振青

印章赏析：此书中邵振青的著作版权印为阳刻小篆体紫印，印文右起从上到下，从右至左，为"萍子振青"四字。印面均分文字，文字笔画平直疏朗，边栏较粗于文字笔画，无破边处理，印文端庄、刀法平实，新闻工作者的文化态度由此可见一斑。

59　沈启无

沈启无（1902—1959），原名沈鍚，字伯龙，后改名沈扬，字启无，以字行，斋号闲步庵，祖籍浙江吴兴，生于江苏淮阴。诗人、散文家。曾任河北省立女子师范学院、北平大学女子文理学院教授。七七事变后，任伪"北京女子师范学院"、伪"北京大学"[①]教授。抗战胜利后，任东北中正大学教授。新中国成立后，任教于北京师范学院（今首都师范大学）。著有《近代散文抄》《思念集》（署名开元）《人间词及人间词话》等。

版权证考：沈启无的版权证所见有三种。一见于1932年北平人文书店出版的《近代散文抄上卷》（初版），版权声明处钤盖其印章一枚，朱文，印文为篆书"沈启无"。二见于1934年人文书店再版此书上卷，版权页贴其印章一枚，白文，印文为篆书"沈启无"。三见于1933年人文书店初版的《人间词及人间词话》，在版权页钤盖其斋号印，朱文，印文为篆书"闲步庵"。

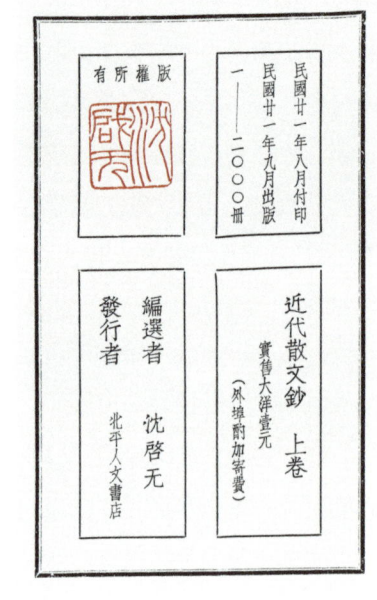

图 59-1　1932年北平人文书店出版沈启无《近代散文抄上卷》版权页

图 59-2　版权印
尺寸：17mm×17mm

释文：沈启无

印章赏析：此书中沈启无的版权印为朱文小篆红印，印文从右至左，从上到下，为"沈启无"三字。"沈"字在印面右侧，"启无"二字上下排列。在印面左侧，中间没有界栏，笔画倚着右侧"沈"字的水字偏旁，左侧"无"字的末笔与右下角"沈"字的末笔长短呼应，皆作曲笔设计，边栏与笔画相依，粗细与文字相同，有些许破边，下部留白使得印文气息上升，铁线曲成似的文字笔画散发出奇巧细腻的静雅气质，具有明代文人的恬淡之风。

---

①二校为伪"华北临时政府"在北平沦陷期间所建。

60　沈璿

　　沈璿（1899—1983），字义舫，江苏江阴县人。现代著名数学家、数学教育家。获日本东京帝国大学理学博士学位。曾任大夏大学教授，柏林大学天文学研究员，上海科学研究院物理与数学系主任。抗战胜利后，国民政府派八位教授赴台湾接收台北帝国大学（今台湾大学），沈璿为其中之一。任台湾大学理学院院长、数学系主任、教授。1983年病逝于台北。著译有《数字方程式解法》《范氏高等代数学》《东洋天文学史研究》《中国上古天文》等。

　　版权证考：沈璿的版权证见于1933年中华学艺社初版的《东洋天文学史研究》，版权页版权声明处钤盖沈氏印章一枚，椭圆形，朱文，印文为篆书"沈璿"。

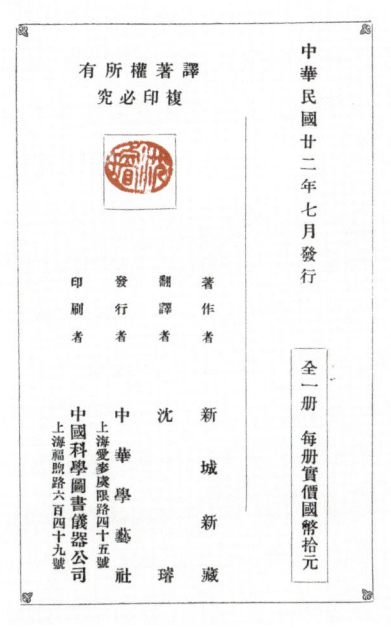

中華民國廿二年七月發行

譯著作權所有　翻印必究

全一册　每册實價國幣拾元

著作者　新城新藏

翻譯者　沈璿

發行者　中華學藝社　上海愛多亞路四十五號

印刷者　中國科學圖書儀器公司　上海福照路六百四十九號

图60-1　1933年中华学艺社出版沈璿译《东洋天文学史研究》版权页

图60-2　版权印
尺寸：15mm×10mm

　　释文：沈璿

　　印章赏析：在此书中沈璿的版权印为阳刻朱文小篆椭圆形印。印文从右至左为"沈璿"二字，文字与椭圆形边框之间的调和设计具有文字瓦当适合纹样的特点，"沈璿"二字均分印面，笔画与边框粗细相同，连同一体，由线条形成朱白相宜且统一均衡的视觉感受，是一枚以文字为元素而设计为装饰性效果的独特版权图章。

61 苏雪林

苏雪林(1897—1999)，女，原名苏小梅，字雪林，以字行，笔名有绿漪、瑞奴、瑞庐、老梅等，祖籍安徽太平县（今黄山市黄山区），生于浙江瑞安。当代著名作家、诗人、学者。北京高等女子师范学校毕业。留学法国，归国后曾任沪江大学、国立安徽大学、国立武汉大学、东吴大学教授。1949 年后，任台湾成功大学、台湾师范大学、新加坡南洋大学教授。著有《中国文学史略》《辽金元文学》《我论鲁迅》《中国二三十年代作家》《绿天》《棘心》《青鸟集》《屠龙集》《蝉蜕集》《唐诗概论》《天马集》等。

版权证考： 苏雪林的版权证所见有三种。一见于 1928 年北新书局初版《绿天》，版权页版权声明处钤盖印章一枚，朱文，

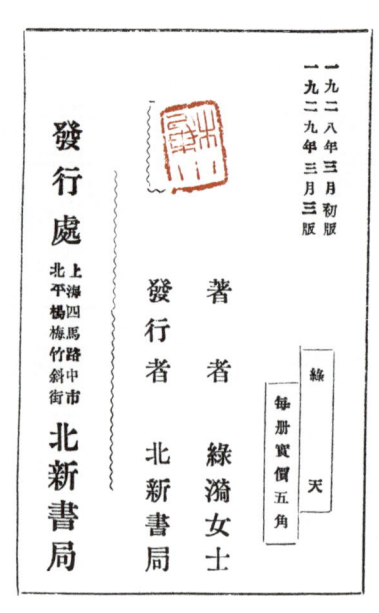

图 61-1　1929 年北新书局出版苏雪林《绿天》版权页

印文为篆书"绿漪"。二见于该书局 1929 年第三版《绿天》，版权声明处贴印章一枚，朱文，印文为隶书"小梅"。三见于 1933 年该书局第六版《绿天》，版权声明处贴印章一枚，白文，印文为篆书"雪林"。

图 61-2　版权印
尺寸：11mm×20mm

释文： 小梅

印章赏析： 此书中苏雪林的著作版权印为阳文小篆朱印，印文从上到下呈长方形，为"小梅"二字。印面"小"字所占空间较小于"梅"字，依两字笔画繁简程度，自然形成开合对比，饶有趣味的是边栏较粗于文字笔画，边栏右上角作破边处理，使印文气息随着"梅"字最后一画曲折上升，有小梅露晴窗之趣，细硬的笔画并无柔弱之感，反映出女性作者独立的审美修养。

62 隋育楠

隋育楠（1906—1989），名树森，字育楠，祖籍山东抚远，生于北京。古典文学研究家、翻译家、著名元曲研究家。北京师范大学毕业，曾任国立编译馆编审、特约编审。新中国成立后，任中央人民政府出版总署编辑，人民教育出版社编辑、特约编审。著译有《文学通论》《金元散曲》《中国文学》《中国文学概论》《中国文艺思想》等。

版权证考：隋育楠的版权证所见有两种。一见于1934年上海元新书局初版的《文学通论》（编者隋育楠），版权页版权声明处贴有其版权章一枚，朱文，印文为篆书"育楠版权"。二见于1944年文通书局初版的《中国文艺思想》，版权页贴文通书局检票，票上钤其手章一枚，方形，朱文，印文为篆书"隋树森印"。

分售處	總發行所	"論通學文"	民國二十三年八月付排 民國二十三年十一月初版
青島 中華書局 南京 南洋書局 廈門 新民書社 宜昌 吳文盛	上海山東路 元新書局	印翻准不 權作著有	全一冊實價六角（外埠酌加郵匯費）
北平 會文堂 天津 大眾書局 開封 東方書社 徐州 普育書局 廣州 小說林 汕頭 文明商務 長沙 亞光書局		發行者 出版者 編著者	發行者 上海元新書局代表結人 出版者 元新書局 編著者 隋育楠
濟南 誠文典 煙台 郁文 豫 蘇州 共和書局 武昌 開智書局 漢口 大眾書局		錄源	

图62-1　1934年上海元新书局出版隋育楠《文学通论》版权页

图62-2　版权印
尺寸：12mm×12mm

释文：育楠版权

印章赏析：此书中隋育楠著作版权印为阳刻小篆红印，印文右起从上至下、从右向左排列，为"育楠版权"四字。印面文字均匀分布，文字形体为小篆风格，饶有金石韵味，粗边栏，而文字小，笔画细，不破边，是一枚淡雅实用的版权印。

63 太虚法师

太虚法师（1890—1947），俗姓吕，乳名淦森，学名沛林，号昧庵，法名唯心，表字太虚，祖籍浙江崇德（今浙江桐乡），生于浙江海宁。中国近代著名高僧、佛学教育家。曾任南普陀寺、西安崇仁寺等名寺主持，武昌佛学院、西安"巴利三藏院"院长，中国佛教学会理事长。曾游历多国进行讲学，发起成立世界佛学院。太虚法师不但深通佛学奥旨，且具科学头脑，有文学修养。民国时有所谓"六个半高僧"，太虚为其中之一（六个为印光、谛闲、道皆、太虚、兴慈、弘一，半个为宽道）。著有《佛学入门》《自由史观》《法相唯识学》等。

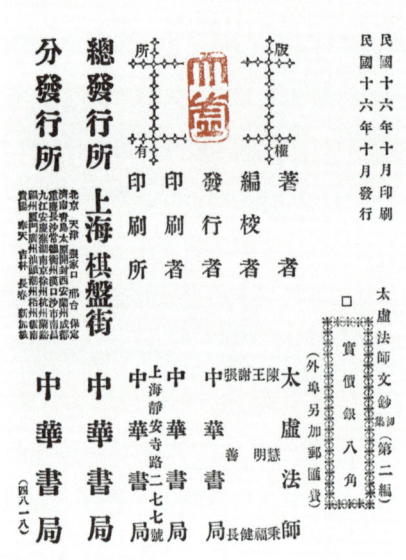

图63-1 1927年中华书局出版太虚法师《太虚法师文抄·初集（第二编）》版权页

版权证考：太虚法师的版权证见于1927年中华书局出版的《太虚法师文抄·初集（第二编）》，版权页版权声明处贴有长方形印章一枚，朱文，印文为篆书"太虚"。

图63-2 版权印
尺寸：10mm×23mm

释文：太虚

印章赏析：此书中太虚法师的著作版权印为阳刻篆书红印，印文从上到下呈长方形排列，为"太虚"二字。印面文字上小下大，笔画粗壮，两个阳刻文字中间空白处的负形留出了一个山字的样貌，而文字形体向上下伸展，边栏比起文字笔画显得很细，左上角边栏作破边处理，形式具有宋人花押率意而不拘小节的洒脱，初看不知为何字，细看会见"太虚"二字于平方匀整的笔画之间，得此，拈花一笑，会心古佛禅机。

64 唐弢

唐弢（1913—1992），原名端毅，字越臣，笔名晦庵、风子等，浙江镇海（今宁波市）人。中国现代著名作家、文学理论家、鲁迅研究专家、著名藏书家。曾任《文汇报》副刊《笔会》主编。新中国成立后，任上海邮政工会常委，复旦大学、震旦大学、上海戏剧专科学校教授，上海市文化局副局长，华东军政委员会文化部文物处副处长，中国社会科学研究院文学研究所研究员，中国社会科学院研究生院教授。中国作协第一、二、三届理事。第二、三、四届全国政协委员，第四、五届全国人大代表。著有《推背集》《鲁迅全集遗补》《中国现代文学史》《文章修养》《晦庵书话》《短长书》《创作漫谈》等。

推	背	集	
		總發行所	中華民國二十五年三月初版
		分發行所	中華民國二十五年三月發行
	著作者 唐弢		
	發行者 郭澂		
印刷者 天馬書店	上海河南路水電里內五十五號	各省特約所 各大書坊	實價國幣六角（郵費另加）

图 64-1　1936 年天马书店出版唐弢《推背集》版权页

版权证考：唐弢的版权证见于 1936 年天马书店初版《推背集》，版权页贴唐弢印一枚，白文，印文为篆书"唐弢作"。

图 64-2　版权印
尺寸：8mm×8mm

释文：唐弢作

印章赏析：此书中唐弢的著作版权印为阴刻篆书朱印，印文右起从上到下，从右至左为"唐弢作"三字。印面文字右宽左窄，右侧为"唐弢"二字，左侧是一"作"字，笔画横平竖直，方中带圆，文字间距匀称，无边栏，印面文字向上伸出头角，而底部殷实，钤盖于锯齿形的版权票上，具书画家与收藏家的用印风尚。

65 陶乐勤

陶乐勤（生卒年不详），江苏昆山人。社会学研究专家、近代著名传媒人。20世纪20年代初留学法国，师从季特学习合作经济学。中国同盟会资深会员，中国社会党重要人物之一。曾任上海租界纳税华人会秘书，上海商界总联合会常务委员、秘书，上海特别市反日会执行委员，全国经济会议税务股委员，中华国产工商联会会执行委员，《中国儿童时报》、上海《市民日报》主笔。中国社会党驻党本部干事。1929年上海商界总联合会公祭孙中山大会上，陶乐勤宣读祭文。新中国成立后，事迹不详。著译有《国故学大纲》《季特经济学》《协力主义政治经济学》《社会学原理》等。

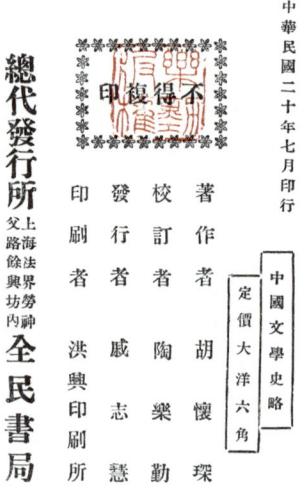

图65-1　1931年全民书局出版胡怀琛《中国文学史略》版权页

版权证考：陶乐勤的版权证所见有两种，版权证形式皆为钤印。一见于新文化书社1935年再版胡怀琛《中国文学史略》（陶乐勤校订）、1928年第三版的《社会学原理》（陶乐勤译）、1935年再版沈天葆《文学概论》（陶乐勤发行）、1935年第五版《文史通义》（陶乐勤点校）、1935年再版曹聚仁《中国平民文学概论》（陶乐勤发行）诸书，版权页皆钤盖印章一枚，方形，朱文，印文为篆书"陶氏版权"。二见于全民书局1931年初版的《中国文学史略》（陶乐勤校订）、1929年再版的《社会学原理》和1929年第四版的《文史通义》诸书，版权页皆钤盖印章一枚，方形，朱文，印文为篆书"乐勤版权"。

图65-2　版权印
尺寸：22mm×22mm

释文：乐勤版权

印章赏析：此书中陶乐勤的版权印为阳文圆朱体小篆方印，印文右起自上而下、从右至左排列为"乐勤版权"四字。印面文字分布均匀，笔画取势刚柔相济，讲究笔画线条力度力道，刻工刀法工整娴熟。界栏与文字粗细一致，但作破边处理，凸显主体文字的同时形成古雅自然的装饰韵味，具有明代藏书印的设计风格。

66　陶秋英

陶秋英（1909—1986），女，江苏吴江人。现代史学家、诗人、画家，国学大师姜亮夫之妻。燕京大学研究生毕业，获硕士学位。曾任东北大学讲师，云南大学讲师兼西南文化研究室编辑，华西大学副教授、教授。新中国成立后，先后任三联书店编辑，浙江师范学院教授。著有《中国妇女与文学》《宋金元文论选》《汉赋之史的研究》《汉赋研究》《敦煌碎金》《历代人物年里碑传综表》等。

版权证考： 陶秋英的版权证仅见于1933年北新书局出版的《中国妇女与文学》，版权页版权声明处钤盖印一枚，白文，印文篆书"秋英"。

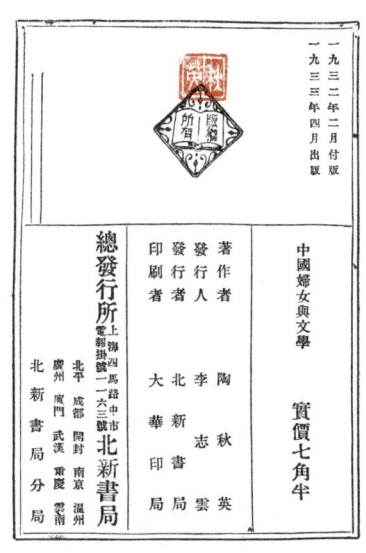

图66-1　1933年北新书局出版陶秋英《中国妇女与文学》版权页

图66-2　版权印
尺寸：11mm×11mm

释文： 秋英

印章赏析： 此书中陶秋英的著作版权印为阴刻白文篆体朱印，印面较小，文字从右至左，为"秋英"二字。文字在印面空间中左右均衡分布，文字外围有阴刻白文界栏，形成两个小开窗，将文字分别嵌入窗内，文字做简笔设计，笔画简短清秀，运刀齐整，白文笔画与界栏边框粗细相同，互为表里，是一枚设计精妙的袖珍版权印。

67 天津大公报馆

天津大公报馆（1902—　），天津《大公报》1902年由英敛之（1867—1926）创办，1926年停刊，由张季鸾接办。后增设上海《大公报》版。新中国成立前，天津《大公报》迁移香港，上海《大公报》于"文革"期间停办。民国时期，报馆出书是出版界的主流，所以，大公报馆亦出版了许多图书，特别注重中日之间关系的著作。

版权证考：天津大公报馆的版权证仅见于该馆1934年出版的《六十年来中国与日本（第七卷）》，版权证印为该馆出版部之印，朱文，印文为篆书"天津大公报馆出版部"。

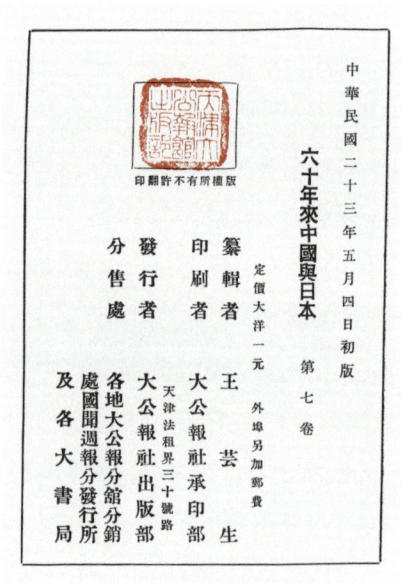

图67-1　1934年大公报社出版部出版王芸生
《六十年来中国与日本（第七卷）》版权页

图67-2　版权印
尺寸：27mm×27mm

释文：天津大公报馆出版部

印章赏析：天津大公报馆出版部的版权印为小篆体阳文九字印。印面文字右起自上而下、从右至左排为三列，每列上下三字，印文九字按照九宫格均分方形印面，气象雍容大度，笔画细致圆润，刀法清朗果断，兼有李斯与李阳冰篆书特点。外边宽厚，边角收圆并作破边设计，兼有玺印与汉封泥韵味，是一枚非常别致且具古雅艺术气质的版权印章。

68 田农

田农（1904—？）[1]，原名田继综，后改名田农，字园丁，笔名健者。蒙古族，河北遵化人，历史学家。1928年燕京大学毕业，获文学学士学位。曾任哈佛燕京学社引得编辑处编辑，北京大学教授。抗战胜利后，任国立北平临时大学、私立中国大学讲师，国立长白师范学院（今东北师范大学）副教授。新中国成立后，先后任河北师范学院（天津）副教授，北京师范学院（今首都师范大学）副教授、教授。著译有《西洋史表解》《八十九种明传记综合引得》《西洋通史》《甘地与尼赫鲁》《日本之文明》《西方的没落》等。

版权证考： 田农的版权见于1933年自刊《西洋史表解》版权页，形式为版权章。版权声明处钤长形印一枚，墨绿色，阳文，印文篆书"田农版权之章"。

版权所有翻印必究	編著者	發行者	印刷者	經售處	北平	天津	濟南	上海	中華民國二十二年十月初版
西洋史表解 漫畫道林紙精印 定價每册大洋壹元捌角	田農	田園丁	北平西長安街 和記印書館	東安市場 佩文齋	宣武門內 人文書店	十法租界二 四號路二 午夜書店	美蓉街 佩文齋	五英租界馬路 佩文齋	

图68-1 1933年田农自刊《西洋史表解》版权页

图68-2 版权印（原为墨绿色）
尺寸：17mm×11mm

释文： 田农版权之章

印章赏析： 田农的版权印章为六字阳文篆书长方形印。印面文字右起自上而下，从右向左排为三列。每列设计为两字，上下两字依笔画多少来分配空间，例如"田""农"两字，"田"字笔画少，所占空间仅为"农"字的三分之一。又如"之""章"两字，"章"字所占空间远大于笔画较少的"之"字，由此在布局上形成错落之感。文字笔画匀净横平竖直，多取直线，转角处略微收圆，具有书卷气。印文外边用粗线，增强了醒目的视觉效果，根据印章的长方形态与线条的质感判断，该印章应由细密的木质刊刻而成，在风格上具有新时代的人文色彩。

---

[1] 据王钟翰讲，田农95岁时尚健在。王钟翰·清心集［M］.北京：新世界出版社，2002：29.

69　汪震

汪震（1900—?　），字伯烈，江苏武
进人，生于保定。民国时期著名学者、社
会教育家、中等教育学家。北京师范大学
研究生毕业。曾任北京师范大学附中、西
安临时大学附中、西北联合大学附中、西
北师范学院附中教员①。师从梁启超、胡
适等，生前与钱玄同、黎锦熙、顾颉刚等
多有交往，20世纪50年代末逝于兰州。
著有《国语文法》《国语修辞学》《孔子
哲学》《大学古本集训》《普通心理学》《国
学大纲》（与王正己合著）等。

版权证考：汪震版权证所见有四种。
一见于北平文化学社1931年三版的《中
等国文法》、初版的《大学古本集训》等

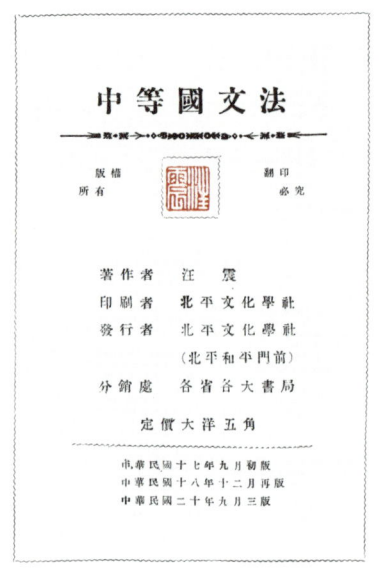

图 69-1　1931年北平文化学社出版汪震
《中等国文法》版权页

书，版权页钤盖其印章一枚，白文，印文为篆书"汪震"。二见于北平文化学社
1928年出版的汪氏《中等国文法》(初版)，版权声明处钤盖汪氏印章一枚，朱文，
印文为隶书"汪震"，左"汪"右"震"。三见于北平文化学社1936年出版的《中
等国文法》（第四版），版权页钤盖汪氏印一枚，白文，印文与第一见印相似，
唯"震"字下部有别。四见于北平文化学社1934年再版的《国学大纲》，版权
页有印章一枚，朱文，篆书，印右为"震"，左为"正己"。

---

① 有工具书讲汪震曾任"中国国民党宁夏省党部特派员"。然而，按照西北师范大学附
属中学纪念文集《百年风雨树人路》所载有关回忆汪震的文章，汪震一直在北京师范大学附
中（包括后来的西北师范学院）任教员，从无任"特派员"一说。

图 69-2　版权印
尺寸：6mm×6mm

释文：汪震

印章赏析：此书中汪震的著作版权印为阴刻缪篆"汪震"二字，文字左右取势均衡，笔画横平竖直、布置均匀，有单刀刻成的爽利之感，印面在二字之外无边，内容简约，具有细满白文印特点，而形态具装饰意味。

70　王德箴

王德箴（1912—?），女，江苏萧县（今安徽萧县）人。南京中央大学毕业。美国北卡罗来纳大学研究生毕业，获文学硕士学位。曾任广西大学、政治大学教授。三民主义青年团中央女青年处文化组长。江苏省临时参议会参议员，国民政府立法院立法委员。1949年后，任台湾东吴大学、政治大学教授，"国民外交协会"理事等。著有《先秦学术思想史》《英美苏联战时妇女动态》《德箴文存》等。

版权证考：王德箴的版权证见于1935年自刊的《先秦学术思想史》版权页，版权声明处钤盖其手章一枚，朱文，印文篆书"王德箴印"。

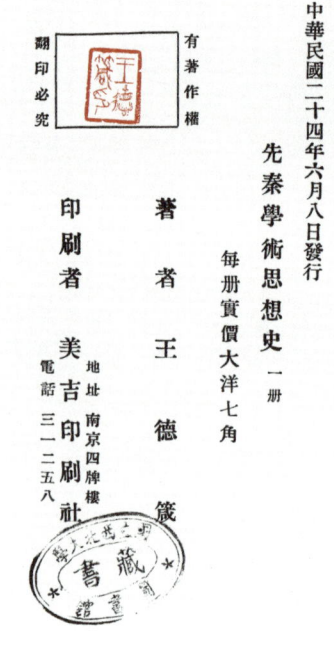

图70-1　1935年王德箴自刊《先秦学术思想史》版权页

图70-2　版权印
尺寸：8mm×17mm

释文：王德箴印

印章赏析：此书中王德箴的著作版权印为阳刻金文红印，文字排列右起从上到下，从右至左，印面为"王德箴印"四字。文字为钟鼎文风格，在印面空间中分布均衡，笔画朱文较细，笔画转折圆多少，字脚向内收紧，外围界栏较粗，且有破边，有袖珍短册额铭文特点，是一枚富于金石韵味的竖长方形版权印。

71　王独清

王独清（1898—1940），原名诚，字笃清，陕西蒲城人，生于西安。创造社著名诗人，与郑伯奇同为陕西民国新文学代表人物，与郭沫若、徐志摩一起被穆木天称为代表从五四到五卅这一时代精神的三位诗人。[①]曾任广东大学教授、文科学长，上海艺术大学教务长，《创造月刊》主编。著有《独清自选集》《独清译诗集》《杨贵妃之死》《貂蝉》《我在欧洲的生活》等。

版权证考：王独清的版权证见于1932年江南书店再版的《貂蝉》，版权页贴印章一枚，朱文，印文为隶书"独清"。此印亦见于1933年上海乐华图书公司出版的《独清自选集》及1932年光华书局出版的《我在欧洲的生活》（初版）的版权页。

图71-1　1932年江南书店出版王独清《貂蝉》版权页

图71-2　版权印
尺寸：17mm×17mm

释文：独清

印章赏析：此书中王独清的著作版权印为阳刻隶书朱印，文字从上到下排列，印面为"独清"二字。印面布局疏朗匀称，在方形边栏之内，隶书"独清"二字左右留空较大，上下留空较小，方形边栏较细，为隶书笔画的蚕头燕尾留下很大的舒展空间，印面气质清爽醒目，卓尔不群。

---

① 王独清．王独清诗歌代表作 [M]．上海：东亚图书馆，1935：序．

72 王丰园

王丰园（生卒年不详），原名王德溥，笔名王丰园。曾为"创造社"社员。西北大学图书馆藏王丰园著《中国新文学运动评述》（1935年新新学社初版）题名页有朱文识语："此书为吾友德溥君北平师范大学文学院二年级时所作，丰园乃王君之笔名"，故知王丰园原名王德溥。著有《中国新文学运动评述》。

民国时期，有名王德溥（1897—1995）者，字润生，辽宁沈阳人。法学家。曾任陕西省政府财政厅厅长、民政厅厅长，国民政府内政部党务次长，立法院立法委员。1949年后，任台湾"内政部"部长，"总统府"政策顾问。然而，王丰园为学文学出身，与此王德溥应当不是同一人。

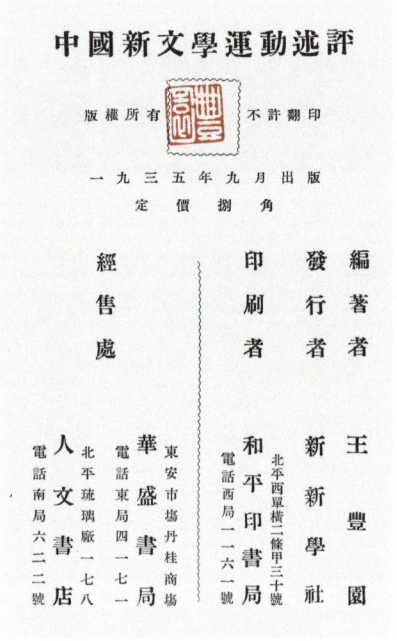

图72-1 1935年新新学社出版王丰园《中国新文学运动评述》版权页

版权证考：王丰园的版权证见于1935年新新学社出版的《中国新文学运动评述》，版权页版权声明处钤盖印章一枚，紫色，白文，印文篆书"丰园"。

图72-2 版权印（原为紫色）
尺寸：16mm×16mm

释文：丰园

印章赏析：此书中王丰园的著作版权印为阴刻篆书紫印，印文从右至左，为"丰园"二字。印面文字左右均匀布局，笔画方中寓圆，不设界栏，也无破边，白色笔画以刀代笔刻出了苍劲斑驳的金石韵味，有"折钗股"的气质。

73 王礼锡

王礼锡（1901—1939），字庶三，英文名 Shelley Wang，笔名王搏今，江苏省安福县人。杰出的爱国诗人、学者、政治活动家和人民外交家。1926 年与毛泽东、李汉俊筹备中央农民运动讲习所。曾任上海南国艺术学院教授，国民党江西省党部农民部部长、省党部执行委员，神州国光社《读书杂志》主编。1933 年因神州国光社出版大量马列主义书籍和进步文艺作品，遭国民党当局通缉，逃亡欧洲。1936 年出席在布鲁塞尔召开的世界和平大会，被选为主席团成员。抗战爆发后，任全英援华会副主席、世界和平大会中国分会欧洲局主任、重庆《新华日报》驻英特约通讯员。1938 年回国后，任中华文艺界抗敌协会理事、国民政府立法

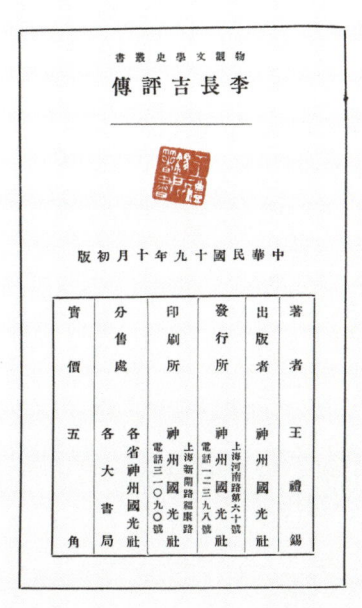

图 73-1　1930 年神州国光社出版王礼锡《李长吉评传》版权页

院立法委员、军委会战地党政委员会指导员。1939 年中华全国文艺界抗敌协会组织作家战地访问团，为北路团团长，同年在洛阳病逝。著译有《李长吉评传》《市声草》《去国草》《中国社会史的论点》（与夫人陆晶清合编）《家族论》等。

版权证考：王礼锡的版权证见于 1930 年神州国光社出版的《李长吉评传》，版权页上贴有其印一枚，白文，印文为篆书"王礼锡所著书"。

图 73-2　版权印
尺寸：15mm × 15mm

释文：王礼锡所著书

印章赏析：此书中王礼锡的著作版权印为阴刻小篆体红印，印文右起从上到下，从右至左，为"王礼锡所著书"六字。文字布局均分印面空间，又因各字笔画疏密不同，自然产生朱白开合对比，在笔画舒朗时，笔道刻画得反而更细，在笔画紧凑时，笔

道刻画得反而更粗，这种笔道的粗细变化进一步强化了印章的朱白对比，并且使得文字产生了沧桑的古韵，文字外部无边栏，厚重的朱红底子，使得白色的文字更加精致醒目，显示出含蓄又不失笔法趣味的文人风尚。

74　王森然

王森然（1895—1984），原名王樾，字森然，号杏岩，以字行，河北定县（今定州市）人。我国著名教育家、史学家、美术家。先后任北平师范大学、中国大学、东北中正大学教授。解放战争后期，受徐悲鸿之邀，随军南下，受聘为武汉军管会顾问、中南区临时政府文教接管部副主任。新中国成立后，任中央美术学院教授。1982 年被增补为第五届全国政协委员。著有《近代二十家评传》《文学新论》等。

版权证考：王森然的版权证见于 1934 年杏岩书屋出版的《近代二十家评传》，版权页版权声明处钤盖印章一枚，白文，印文为篆书"森然著作"。

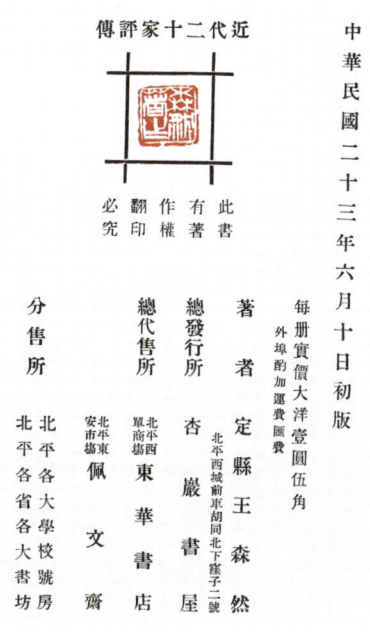

中華民國二十三年六月十日初版

每册實價大洋壹圓伍角
外埠酌加運費匯費

近代二十二家評傳

此書　作　翻　必
有　著　印　究
版權

著 者	定縣 王 森 然
總發行所	杏巖書屋 北平西城前革胡同北下窪子二號
總代售所	東 華 書 店 北平單商場
分售所	佩 文 齋 北平東安市場 北平各大學校號房 北平各省各大書坊

图 74-1　1934 年杏岩书屋出版王森然《近代二十家评传》版权页

图 74-2　版权印
尺寸：18mm×18mm

释文：森然著作

印章赏析：此书中王森然的著作版权印为阴刻大篆红印，印文右起从上到下，从右至左，为"森然著作"四字。印面文字布局相对均衡，笔画聚散开合有力，追求单刀冲白刻画的爽快与苍劲，边栏与文字笔画风格相同，有齐白石的急就章印法趣味。

75 王桐龄

王桐龄（1878—1953），本名王桐令，号峄山，河北任丘人。现代著名历史学家。1912年毕业于日本东京帝国大学，获文学学士学位。先后任中国大学、北京师范大学（1928年改名北平师范大学）、清华大学、西北大学、北平师范大学教授。1924年应西北大学校长傅铜之邀，赴西北大学"暑期学校"讲学，演讲题目为《陕西在中国史上之位置》和《历史上中国民族之研究》。王桐龄是一位有民族气节的学者，日本侵占华北后，曾找其出任伪"北京师范大学"[①]校长，王桐龄断然拒绝，闭门著作、译书。"他决不肯做汉奸！即便是'文化'的。"[②] 1949年后，任北京师范大学教授。其著作有《中国史》《中国民族史》《东洋史》《中国历代党争史》《江浙旅行记》《陕西旅行记》《儒墨之同异》等。

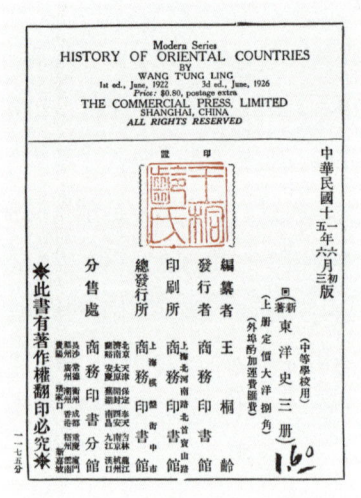

图75-1　1926年商务印书馆出版王桐龄《东洋史·上册》版权页

版权证考： 王桐龄的版权证所见仅一种，即"王桐龄氏"印，形式分贴印和钤印。前者见于1926年商务印书馆第三版的《东洋史·上册》；后者见于文化学社1927年再版的《中国史第一编》、1934年再版的《中国民族史》、1928年初版的《陕西旅行记》《江浙旅行记》等书版权页。

---

① 1941年，汪伪政府将伪"华北临时政府"设立的"国立北京师范学院"和"国立北京女子师范学院"合并改建，名为"国立北京师范大学"。

② 隋树森.记王桐龄先生[J].文献，1983（4）：167-172.

图75-2 版权印
尺寸：27mm×27mm

释文： 王桐龄氏

印章赏析： 此书中王桐龄的版权印为朱文小篆方印。印文为"王桐龄氏"，文字从右向左竖排，取繁简疏密对角的均衡式布局，笔画转折处亦收圆，印框边线与文字笔画粗细相同。印文显然受到东洋文人印风复古的影响，风格追求的是明代文人细腻、平和、雅正的基调，从印文风格亦可见其留学东洋，复归传统的经历。

76 温生民

温生民，生平事迹不详，译有《赤恋》《恋爱之道》。

版权证考：温生民的版权证仅见于 1929 年上海启智书局出版的《赤恋》（初版），版权页版权声明处钤盖印章一枚，朱文，印文篆书"温生民印"。

图 76-1 1929 年上海启智书局出版温生民译《赤恋》版权页

图 76-2 版权印
尺寸：13mm×13mm

释文：温生民印

印章赏析：此书中温生民的版权印尺寸较小，其版权印为阳文小篆变体朱印，印文为"温生民印"四字。印文四字从右上角起，依次向下，从右至左，均匀排列为两竖行，每行两字，笔画方中带圆，印面尺寸虽然不大，但笔画匀净细腻，刻画清晰，外边栏粗细为文字笔画的两倍，不作破边，围和感与紧凑感很强，是一枚实用而精巧的版权印章。

77　文化学社

文化学社（1925—?），1925年由邵如松创办，主要出版北平师范大学教材和老师的著作，尤其重视哲学、历史、心理学、教育学和文学方面的教材和著作。

版权证考： 文化学社的版权证所见有三种。其一为钤印，方形，朱文，印文为篆书"文化学社"。此印见于文化学社1935年初版的《民族主义史》,1926年初版的《钟嵘诗品之研究》等书。其二为印制版权票，红色，票面设计为圆形，内有一铎，铎面正中文字为"北平"，两边文字为"文化学社版权"。此票见于1931年初版的《中国文学史纲要》，1937年5月第二十六版的《初中英文法》等书。其三为文化学社社印，椭圆形，红色，印文分上、中、下三部，上、下部为社址，上部"北平和内西交民巷西口"，下部"平安胡同九号"，中部为"文化学社"。此印见于1937年9月第三十一版和1937年11月第三十二版的《初中英文法》。

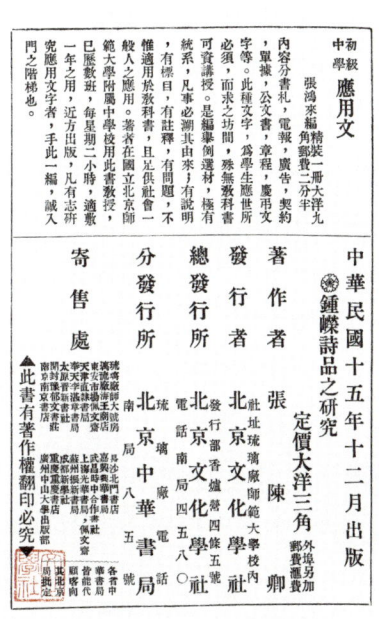

图77-1　1926年文化学社出版张陈卿《钟嵘诗品之研究》版权页

图77-2　版权印
尺寸：14mm×14mm

释文： 文化学社

印章赏析： 文化学社的版权印为缪篆体阳文四字方印，印文为"文化学社"四字，印面文字布局从右上角起，自上而下，从右至左，均匀排列为两竖行，每行两字，是标准的田字格均分法。字形方正，笔画细致，线条在方中略带圆角，显得雅致。外边栏粗细为文字笔画的两倍，不作破边，有文化的沉淀感与阅读的舒适性，是一枚具有书卷气息的版权印章。

78　文明书局

文明书局（1902—1932），1902 年由廉泉、俞复、丁宝山等筹股创办。俞复任总经理。最初设在上海南京路，后迁至福州路辰字 354 号。为晚清时期具有影响力的出版机构。文明书局最初称“文明编译印书局”，主要以出版翻译的教科书为主，出版翻译的图书达 100 余种，涵盖了教育、语文、数学、物理、化学、历史、地理、经济、法律、植物、医学等专业领域，对我国的教育事业、文化事业和翻译出版事业做出了重要贡献。1932 年，并入中华书局。文明书局在营业之初即具版权保护意识，在图书出版之前，先到官府备案，由官府出具版权保护之牒。这一时期文明书局出版的图书，往往在封底印有官府版权保护之牒。

光緒三十年三月十五日印刷
光緒三十年四月十五日發行
定價 洋裝本大洋三元 和裝本大洋二元五角
版權所有
著作者 新城王樹枏
校閱者 金匱廉泉
印刷發行者 上海棋盤街 北京琉璃廠 保定北大街 文明書局

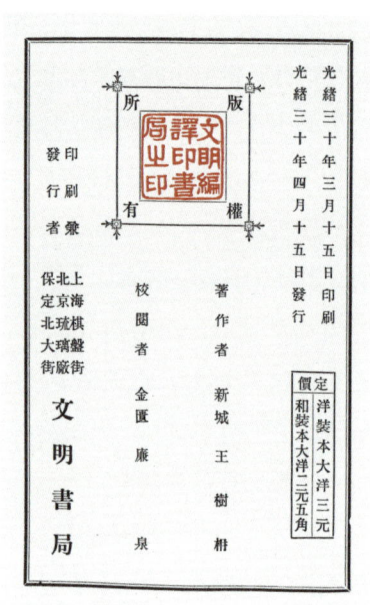

图 78–1　光绪三十年（1904）文明书局出版王树枏《欧洲列国战事本末》版权页

版权证考：文明书局的版权证见于光绪三十年（1904）出版的《欧洲列国战事本末》，版权页版权声明处钤盖文明书局印一枚，朱文，印文为隶书“文明编译印书局之印”。此印为中国晚清版权保护的重要资料。

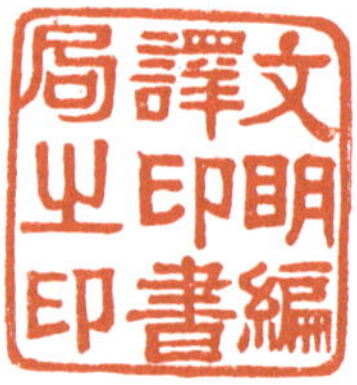

图 78–2　版权印
尺寸：28mmx28mm

释文：文明编译印书局之印

印章赏析：文明编译印书局的版权印为“八分书”体阳文方印，所谓“八分书”是篆书与隶书之间的一种过渡性的字体，因其“去隶字八分取二分，去小篆二分取八分”而得名，以此书体入印因不常见，而具特色。印文右起从上到下，从右至左，为“文明编译印书局之印”九字。印面文字以左右上下均衡的九宫格为布局标准，文字笔画沉着坚实，柔中带刚。边栏与文字笔画线条粗细相同，起到收束印文的整肃效果，而文字以笔画数的多少大小略有不同，在规矩中略有变化，给人以恬淡自然之感，使之成为一枚具有贤雅气质的特色书局版权印。

79　文学研究会

文学研究会（1921—1932），1921年在北京成立，发起人为郑振铎、沈雁冰、许地山、孙伏园等。文学研究会出版了《文学研究会丛书》《文学周报丛书》《文学研究会世界文学名著丛书》《小说月报丛书》《文学研究会通俗戏剧丛书》等250余部图书。1932年，该会停止活动。

版权证考： 文学研究会的版权证仅见一种，形式为印制的版权票，分红色与蓝色两种。前者见于1924年商务印书馆三版的《一叶》等书，后者见于1923年商务印书馆初版的《梅脱灵戏曲集》等书。

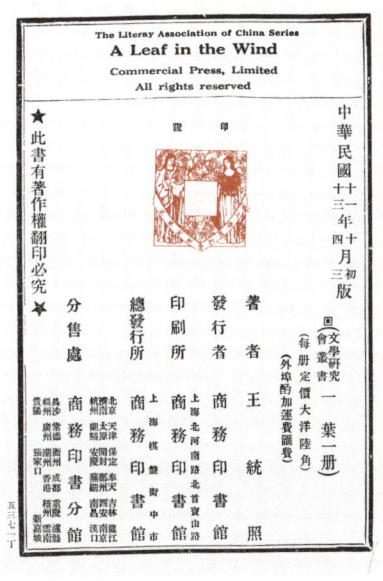

图79-1　1924年商务印书馆出版王统照《一叶》版权页

图79-2　版权票
尺寸：27mm×27mm

释文： 文学研究会版权所有

印章赏析： 此书中文学研究会著作版权印记为文学研究会版权票，版权票图案绘有两位立于林间花下的长裙仕女，一位仕女手持乐器，两位仕女中间为钤印留出方形空格，下方有绶带，垂聚为心形，绶带上有"文学研究会版权所有"字样。版权票四周有锯齿边，是一枚具有艺术特色的版权票。

80 吴耕民

吴耕民（1896—1991），原名仁昌，字润苍，浙江余姚人。著名园艺学家、园艺教育家。中国近代园艺事业奠基人之一。北京农业学校毕业，曾赴日本兴津园艺试验场研修。回国后，先后任国立南京高等师范学校副教授，国立浙江大学农学院副教授、教授，山东大学农学院、西北农林专科学校、国立东南大学、广西大学、国立中央大学、国立云南大学、南通农学院教授。江西农学院技正（技术官名，相当于总工程师）。浙江农业推广委员会主任。国民政府教育部部聘教授（农科）。新中国成立后，先后任浙江大学农学院、江西农学院、江西农业大学教授。中国农业科学院学术委员会委员。第三届全国人大代表，第五届全国政协特邀委员。一级教授。著有《果树栽培讲话》《果树园艺学》《蔬菜园艺》《中国蔬菜栽培学》《中国温带果树分类学》《菜园经营法》《蔬菜留种手册》等。

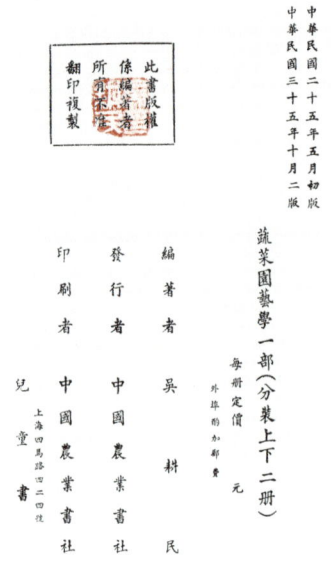

图 80-1　1946 年中国农业书社出版吴耕民《蔬菜园艺学一部》版权页

版权证考：吴耕民的版权证仅见一种。1946 年中国农业书社第二版的《蔬菜园艺学一部》、1947 年当代出版社初版的《果树园艺学》，版权页版权声明处钤盖其手章，白文，印文篆书"吴耕民印"。

图 80-2　版权印
尺寸：15mm×15mm

释文：吴耕民印

印章赏析：此书中吴耕民的著作版权印为篆体阴文印，印文为"吴耕民印"四字。印文从右上角开始，成逆时针排列，白文刻画笔画较粗，而印面不设边栏，左下角故意缺损，印风金石味浓，古趣盎然。

81　吴光杰

吴光杰（1886—1970），名中俊，字光杰，号霖泉，以字行，安徽肥东县（今属合肥市）人。我国早期军事理论教育家。

保定陆军速成学堂毕业。1912 年由陆军部保送德国柏林炮校学习，德国陆军大学毕业。曾任中国驻德国公使馆武官，第四集团军总司令部军械处处长，吴淞陆军军官团教育长，中央陆军军官学校高级教官、翻译处处长，陆军训练总监部高级参谋，中央陆军军官学校训练总监，军事委员会高级参谋、资源委员会委员。陆军少将。抗战胜利后退役。1970 年病逝于台北。著译有《列强军备及国情（上下卷）》、《国民军事常识演讲录》《德国军事学教程》《军队指挥》《太平洋战争之研究》等。

图 81-1　1933 年吴光杰自刊《列强军备及国情（上卷）》版权页

版权证考：吴光杰的版权证所见有两种。·见于吴光杰 1926 年自刊的《中央广播电台国民军事常识演讲录》及 1934 自刊的《列强军备及国情（下卷）》，版权页版权声明处钤盖印章一枚，方形，朱文，印文为篆书"吴光杰版权章"。二见于 1933 年初版的《列强军备及国情（上卷）》，版权页版权声明处钤盖印章一枚，朱文，印文篆书"吴光杰章"。

图 81-2　版权印
尺寸：29mm × 29mm

释文：吴光杰章

印章赏析：此书中吴光杰的著作版权印为阳刻小篆红印，印文右起从上到下，从右至左，为"吴光杰章"四字。印面尺寸较大，印文四字均匀布局，笔画疏朗挺拔，边栏较粗于文字，无破边，使印文清晰明朗，实用性强。

82 奚元龄

奚元龄（1912—1988），江苏武进人。我国著名作物遗传学家、棉花专家。剑桥大学博士。曾任中正大学农学院讲师，中央农业实验所技士。新中国成立后，任华东农业科学研究所研究员，江苏省农科院研究员，中国棉花学会第一届理事长。第三、四届全国人大代表。著译有《遗传学原理》《农业原理》《植物细菌培养手册》等。

版权证考： 奚元龄的版权证见于 1943 年中正大学出版组出版的《遗传学原理》（初版），版权声明处钤盖印章一枚，朱文，印文为篆书"奚元龄"。

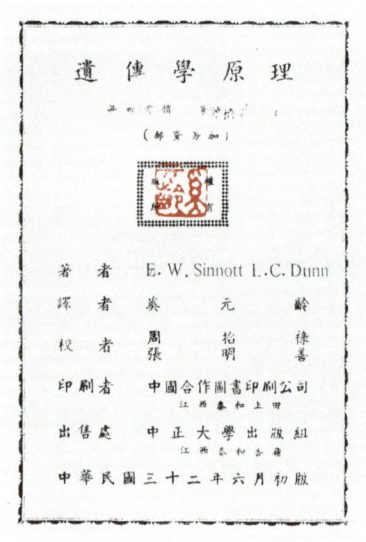

图 82-1　1943 年中正大学出版组出版奚元龄译《遗传学原理》版权页

图 82-2　版权印
尺寸：15mm×15mm

释文： 奚元龄

印章赏析： 此书中奚元龄的版权印为籀篆阳文朱印，印文为"奚元龄"三字。印面文字章法开合有力度，"奚"一字占据右侧，"元龄"二字占据左侧，每字依照笔画繁简，而占据空间面积有所不同，笔画与边栏相连契，边栏左右作破边处理，而下部殷实粗犷，使文字有如从土地中生发出之感。关于边栏，明代篆刻理论家徐上达在《印法参同》中说："印有边栏，犹家之有垣墙，所以合好覆恶也。然亦有门户自在，无借垣墙者，顾其可合可覆何如耳。朱文虚起，非栏无所附着。若白文，犹有红地相依，则有字势，外有曲折周回，自相约束者，不更用栏。他如窥见室家，出头露面，此则不可无栏。"籀篆笔画与边栏界格的虚实关系在此印中，发挥得淋漓尽致，通过印文朱白之间破与立的关系调和，既突出了文字本体，又展现出古拙的印风，通过不经意的日常细节反而能真切地反映出科学家在文脉上的情感依循。

83　夏大山

夏大山（1905—？）①，名夏云，字大山，江苏人。生平事迹不详。抗战前曾任金陵大学教授。抗战爆发后，离开金陵大学。著有《中华农谚》。

版权证考： 夏大山版权证仅一种。见于他自行出版的《中华农谚》（1933年初版，1934年第三版），版权页版权声明处钤盖印章一枚，白文，印文为篆书"夏云"。

图 83-1　1934年夏大山自刊《中华农谚》版权页

图 83-2　版权印
尺寸：10mm×22mm

释文： 夏云

印章赏析： 此书中夏大山的著作版权印为阴刻满白文篆体红印，文字从上至下呈长方形排列，印面为"夏云"二字，文字在印面空间中上下分布均衡，满白文的笔画密实，线条较粗，对治印者的刀工要求很高，通体结构绵密，章法紧凑，无边框，不破边，是一枚有书卷气具文人藏书印风格的著作版权印。

---

① 夏云的生卒年，据民国二十三年（1934）国民政府内政部颁给夏云的《著作权注册执照》所载，其年二十九岁，则其生年为1905年。另据朱介凡讲，1947年秋，朱介凡求夏云的《中华农谚》于金陵大学，金陵大学教授刘既轩告其夏云"已经作古"。（见朱介凡.谚语甲编[M].台北自刊，1957：201.）

84 新生命书局

新生命书局（1928—1937），1928 年由陶希圣等创办，局址位于上海福州路。主要出版社会科学书籍。书局成立初期，曾出版过一些马克思主义方面的著作。1937 年停业。1937 年 11 月，由周佛海"恢复"，成为汪伪政权的宣传机构。

版权证考：新生命书局的版权证仅一种，印文篆书"新生命书局"，唯表现形式不同。一为贴印，红色，见于 1930 年该书局初版的《唯物史观的文学论》等书。二为钤印，红色，见于 1930 年该书局初版的《经济理论之基础知识》等书。三为印刷印，黑色，见于 1935 年该书局第四版的《中国社会之结构》等书。

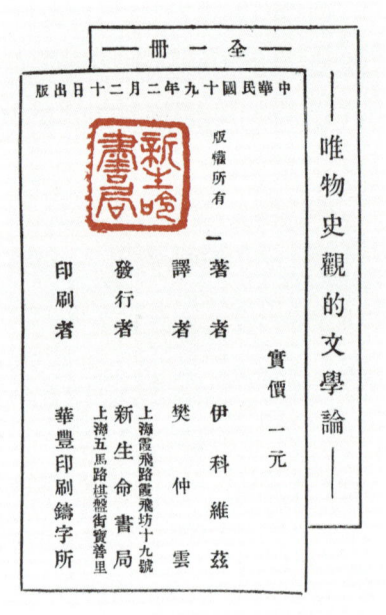

图 84-1 1930 年新生命书局出版伊科维兹
《唯物史观的文学论》版权页

图 84-2 版权印
尺寸：20mm×20mm

释文：新生命书局

印章赏析：新生命书局的这枚版权印章为红色阳文籀篆体五字方印。印文从右至左均分为两列，右侧自上而下为"新生命"三字，左侧自上而下为"书局"二字。印面文字为籀篆体，具有金石韵味。结字章法注重疏密开合与留白关系，"局"字下面的"口"设计为倒三角形，试图体现出"新生命"的活力与生机。

笔画厚实粗壮，尤其是文字左右两侧笔画，多设计为梯形，增强了视觉稳定性。外框的线条质感与文字相同，但较之文字笔画更粗，并与内文笔画略有相连，在视觉上形成熔铸为一体的整体感。这枚由印章演变而成的版权票是在传统中追求变化的新型版权印记。

85　熊得山

熊得山（1891—1937），原名熊学峻，字子奇，又字德山。湖北江陵人。著名社会学家、马克思主义历史学家。曾任《大中华日报》《今日》《商大周刊》主编，武昌法科及中山大学、上海法政学院、广西大学教授。1928年与李达、邓初民等联合创办昆仑书店，宣传进步思想。著译有《中国革命的出路》《哥达纲领批判》《西洋哲学史》《物观经济学史》等。

版权证考：熊得山的版权证见于1929年昆仑书店出版的《中国社会史研究》（初版），版权声明处钤盖其手章一枚，蓝色，印文为阳文篆书"熊得山印"。此手章亦见于1929年昆仑书店出版的《唯物史观经济史》（上册）等熊得山的著作。

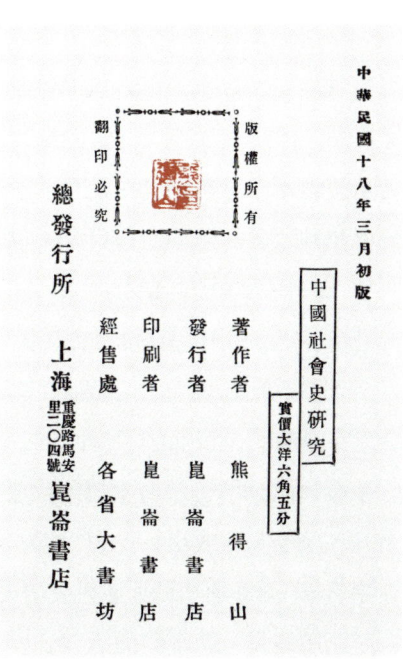

图 85-1　1929 年昆仑书店出版熊得山《中国社会史研究》版权页

图 85-2　版权印（原为蓝色）
尺寸：12mm×12mm

释文：熊得山印

印章赏析：此书中熊得山的版权印为阳文篆字蓝印，印文为"熊得山印"四字。印中文字大小相同，均分为四，文字从右上角起，逆时针排列，笔画借方取势，粗细相同，布局匀称。字外界栏粗细与文字相同，无破边，加之印面尺寸较小。作者规矩、严谨与谦逊的态度，通过印文亦有体现。

86 徐寄庼

徐寄庼（1881—1956），本名陈冕，因过继给父亲好友徐某，改名为徐陈冕，字寄庼，以字行，浙江永嘉（今温州市）人。著名金融家。日本同文书院毕业。清末曾任温州师范学堂监学。1914年后从事金融工作，曾任兰溪中国银行、九江中国银行经理，浙江兴业银行董事长，中央银行监事、常务理事、副总裁兼代总裁。上海银行公会常务理事，上海市商会理事长，全国红十字会理事。国民政府上海市议会议长，最高经济委员会委员，上海市第一届参议会副议长。著作有《最近上海金融史》等。

版权证考：徐寄庼的版权证所见有两种。一见于1932年徐寄庼自费出版的《增改最近上海金融史二册》（增改第三版），版权声明处钤盖其印章一枚，方形，朱文，印文为篆书"寄庼"。此印亦见于该书第二版。二见于1926年徐寄庼自费出版的该书初版，版权声明处钤盖印章一枚，圆形，朱文，印文为篆书"寄庼"。

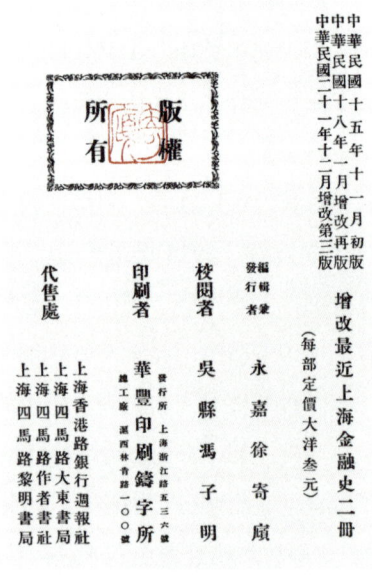

图86-1 1932年徐寄庼自刊《增改最近上海金融史二册》版权页

图86-2 版权印
尺寸：22mm×22mm

释文：寄庼

印章赏析：此书中徐寄庼的版权印为阳文圆朱体篆字印，印文为"寄庼"二字。印中文字左右均匀分布，笔画讲究弧线的力道，铁画银钩，劲健圆润，与界栏连贯且粗细一致，呈现出空灵柔和的雅颐之态，即便用作书画古籍上的鉴藏印，也同样不失水准。

87 徐景贤

徐景贤（1907—1946），字哲夫，教名卢伽，江西省临川县（今抚州临川区）人。北京师范大学毕业，获文学学士学位。清华大学国学研究院毕业，授业导师为赵元任、陈寅恪、马衡、林志钧。入北京大学研究所深造，师从陈垣。曾任马相伯私人秘书，中华公教学友联合会执委会主席、中华公教进行会全国指导会评议员，天津《益世报副刊》主编，安庆崇文学校校长。著有《马相伯先生国难言论集》《国民道德概论》《孝经之研究》《马相伯先生宪政意见》《圣教宗与中国》等。

版证证考： 徐景贤的版权证所见有两种。一见于 1933 文华美术图书公司出版的《马相伯先生国难言论集》，版权页版权声明处钤盖徐景贤手章，朱文，印文篆书"徐景贤印"。二见于 1931 年徐景贤自刊的《孝经之研究》，版权页版权声明处印刷有"卢伽徐景贤"字样，以棱形框之，棱形上下为"卢伽"，右左为"景贤"，"徐"字居中。

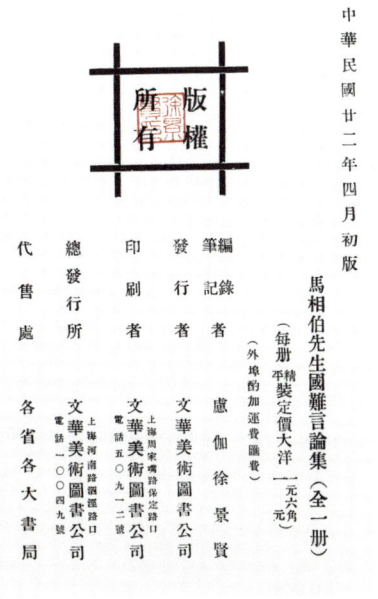

中華民國廿二年四月初版

馬相伯先生國難言論集（全一册）
（每册 精裝定價大洋 一元六角）
（外埠酌加運費郵費）

編筆記錄者	盧伽 徐景賢
發行者	文華美術圖書公司
印刷者	文華美術圖書公司 電話五○九一二號
總發行所	文華美術圖書公司 上海河南路昭通路口 電話一○四九號
代售處	各省各大書局

版權所有

图 87-1　1933 年文华美术图书公司出版徐景贤《马相伯先生国难言论集》版权页

图 87-2　版权印
尺寸：8mm×8mm

释文： 徐景贤印

印章赏析： 此书中徐景贤的著作版权印为阳刻小篆体红印，印文右起从上到下，从右至左，为"徐景贤印"四字。印面文字均匀分布，文字笔画方中带圆，边栏较粗于文字的笔画，上下栏框与文字笔画相衔接，形成整体如一的图腾式样。

88 徐用仪

徐用仪（1893—1962），名鸿逵，字用仪，以字行，四川简阳人。北京师范大学毕业，师从梁启超、钱玄同等。曾任教于北京师范大学、四川省立女子中学。新中国成立后，曾任简阳县政协委员。著有《五千年来中华民族爱国魂》《高级中学外国地理》。

版权证考： 徐用仪的版权证见于1932年大公报社出版的《五千年来中华民族爱国魂（第一卷）》，版权页版权声明处钤盖印章一枚，白文，印文为篆书"徐用仪"。

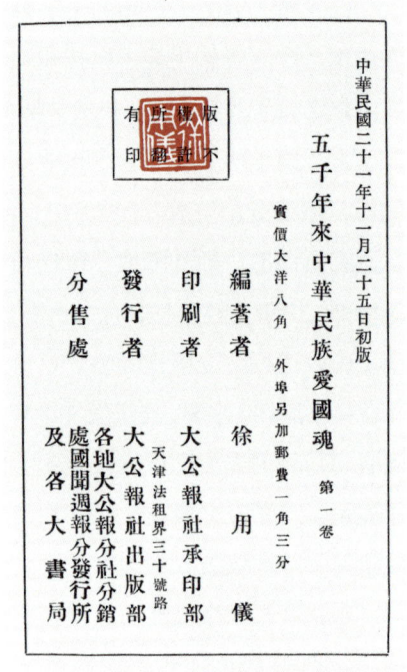

图88-1 1932年大公报社出版徐用仪《五千年来中华民族爱国魂（第一卷）》版权页

图88-2 版权印
尺寸：19mm×19mm

释文： 徐用仪

印章赏析： 此书中徐用仪的著作版权印是一枚阴刻篆书"徐用仪"三字方形红印。印面文字排列从右至左、从上到下。右侧为一个"徐"字，左侧上小下大罗列"用仪"二字，皆为钟鼎铭文字体，文字瘦硬而骨鲠，笔画侧笔锐角较多，刚健如戟，又似乎悬针。外围有与笔画粗细相同的界栏，再外围是厚实的红边。凝重而锐利的印章风格也是人物性格的一面镜子。

89 严复

严复（1854—1921），名宗光，字又陵，又字几道，福建侯官（今福州市）人。中国近代启蒙思想家、翻译家。1900年任天津水师堂总办（校长），1909年任清学部名词馆总纂，1912年任北京大学校长。著译有《天演论》《原富》《法意》《权界论》《政治讲罚金》《英文汉诂》《孟德斯鸠法意》《名学浅说》等。

版权证考：严复是我国国内作者在自己著作上使用版权证的第一人，其版权证所见有三种。一见于清光绪三十年（1904）商务印书馆初版的《英文汉诂》及初版《孟德斯鸠法意》，版权页贴有版权票，介绍此票的文章较多。二见于光绪三十二年（1906）商务印书馆出版的《法意（第五册）》，版权页钤盖印章一枚，方形、朱文，印文为篆书"侯官严复"。

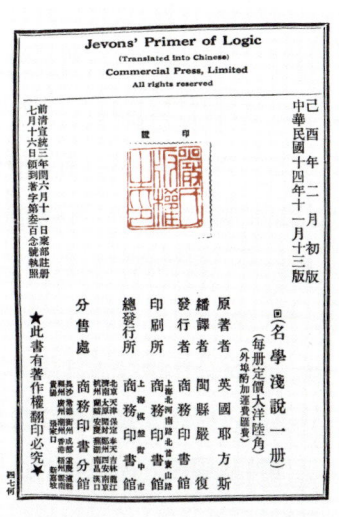

图89-1　1925年商务印书馆出版严复译《名学浅说一册》版权页

三见于1920年商务印书馆出版的《名学浅说》（第九版），版权页上贴有其版权印章一枚，朱文，印文为篆书"严氏版权之印"。此版权证亦见于清宣统元年（1909）商务印书馆出版的《法意（第七册）》、1915年商务印书馆出版的《法意》（全）及1925年商务印书馆《名学浅说一册》（第十三版）等书。

图89-2　版权印
尺寸：26mm×27mm

释文：严氏版权之印

印章赏析：此书中严复的著作版权印是一枚阳文缪篆方形朱印。印面文字均分方形印面，右起从上到下、从右至左排列为"严氏版权之印"六字。文字笔画取势平直，结体严密，在收放开合之中，字字呈竖立长方形，在字法设计上颇见功力，具有汉代官印风格。文字瘦硬，笔画方多圆少，"之"字与"氏"字笔画中留有大面积气口，给人醒目有力之感。外围界栏与笔画粗细相同，紧收在文字边缘，强化了视觉的整体性，体现出版权印所有者平实而严谨的思想态度。

90 杨丙辰

杨丙辰（1890—？），原名杨震文，字丙辰，以字行，河南南阳人。中国德语文学教育先驱、翻译家。北京大学外语系毕业，获德国柏林大学文学硕士。曾任柏林大学讲师、副教授。归国后，先后任北京大学德文系教授、教授会主任，清华大学、辅仁大学教授，河南大学教授、校长，中德学会常务干事、编译委员会委员。抗战胜利后，任北平临时大学教授。著译有《论德国民族性》《强盗》《赫贝尔短篇小说集》《汤若望传》《火焰》《军人之福》《费德利克小姐》等。

版权证考： 杨丙辰的版权证仅见于1927年朴社出版的《军人之福，一名弥娜封巴伦赫尔穆》（初版），版权页版权声明处贴有印章一枚，朱文，印文为篆书"杨震文印"。

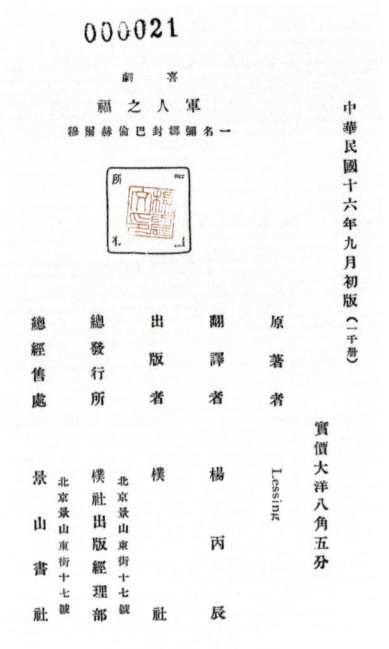

图 90-1　1927年朴社出版杨丙辰译《军人之福，一名弥娜封巴伦赫尔穆》版权页

图 90-2　版权印
尺寸：12mm×12mm

释文： 杨震文印

印章赏析： 此书中杨丙辰的版权印为阳刻篆字红印，印文右起从上到下，从右至左，为"杨震文印"四字。印面尺寸不大，文字均分四域，笔画方中带圆，布局匀称，边栏粗细与文字笔画相同，不作破边处理，印文兼具装饰性与实用性，从印面尺寸到笔画交叠皆有细腻含蓄的风格。

91 殷炎麟

殷炎麟（1911—1990），字言冷，浙江嘉兴人。清华大学毕业。曾任云南大学讲师，国立湖南师范学院（今湖南师范大学）副教授，国立重庆女子师范学院教授。新中国成立后，先后任西南师范学院、中国人民解放军外语学院、上海外国语职业学校、华东师范大学教授，湘潭师范学院客座教授。上海九三学社第三、四、五届委员会委员。译有《西洋戏剧史》《苏联公共卫生事业》。

版权证考： 殷炎麟的版权证见于1943年文通书局出版的《西洋戏剧史》的版权页，版权证形式为版权票。文通书局检票上钤盖印章一枚，白文，印文为篆书"殷炎麟印"。

图91-1　1943年文通书局出版殷炎麟译《西洋戏剧史》版权页（检票原为绿色）

图91-2　版权印
尺寸：15mm×15mm

释文： 殷炎麟印

印章赏析： 此书中殷炎麟的著作版权印钤盖在长方形绿色纹饰的版权票上，版权印为阴刻篆字红印，文字从右上方起，呈逆时针排列，印面为"殷炎麟印"四字。文字在印面空间中分布均衡，笔画白文较粗、为单刀冲白刻成，笔画趋势转折有力、开合有度，有曲铁的苍古之感，外围无界栏，且作破边，是一枚富有艺术气质的版权印。

92 余云岫

余云岫（1879—1954），字岩，号百之，谱名允绶，浙江镇海（今属宁波市）人。日本大阪医科大学毕业。先后任公立上海医院院长，上海商务印书馆编辑，国民政府卫生部中央委员会委员，内政部卫生专门委员会委员，中国医药研究所所长，教育部医学教育委员会顾问，《中华医学杂志》主编，上海市医师公会会长。新中国成立后，任上海市人民政府文化教育委员会委员，全国卫生科学研究委员会中医专门委员会委员，卫生部教材编审委员会委员，中华医学会理事等。其在民国时期最大的影响是 1929 年向议会提交由他起草的《废止旧医以扫除医事卫生障碍案》，俗称"废止中医案"。著作有《灵素商兑》《药理学》《传染病》《药理学》《医学革命论》等。

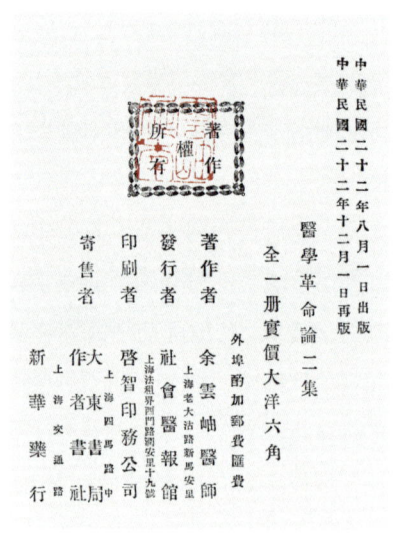

图 92-1　1933 年社会医报馆出版余云岫《医学革命论二集》版权页

版权证考： 余云岫的版权证见于 1933 年上海社会医报馆出版的《医学革命论二集》（再版），版权页钤盖印章一枚，朱文，印文为篆书"云岫延年"。此印章亦见于 1933 年 8 月该书初版、1937 年上海社会医报馆出版的《医学革命论三集》版权页。

图 92-2　版权印
尺寸：23mm×23mm

释文： 云岫延年

印章赏析： 此书中余云岫的著作版权印为圆朱阳文篆书印，印文右起从上到下，从右至左，为"云岫延年"四字。印文内容与其医学专业健康延年的主旨直接相关，印面文字布局匀净、笔画间距开阔疏朗，边栏粗细与文字笔画相同，上栏微微作破边处理，使印文气息上升，细细的圆朱文散发出祥和端庄、淡雅清新的气息，医学工作者在文化上的修养由此可见一斑。

93 余群宗

余群宗（1891—1984），别名余关都，四川广安人。日本东京帝国大学毕业，获法学学士学位。曾任中山大学、重庆大学、同济大学、四川大学教授，《法学月刊》（四川大学法律学会办）主编。新中国成立后，先后任西南革命大学、重庆大学、西南政法学院、浙江大学教授。著有《中国土地法论》《票据法讲义》《土地法讲义》等。

版权证考： 余群宗的版权证仅见于1944年四川大学出版组出版的《中国土地法论（上卷，第一册）》，版权页版权声明处钤盖印章一枚，白文，印文为篆书"关都"。

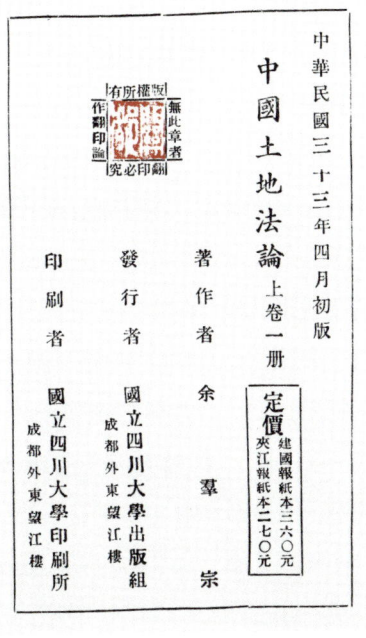

图 93-1 1944 年四川大学出版组出版余群宗《中国土地法论（上卷，第一册）》版权页

图 93-2 版权印
尺寸：15mm×15mm

释文： 关都

印章赏析： 余群宗以别名"关都"设计的这枚版权印为阴刻篆书方形红印。印面文字从右向左，唯"关都"二字，简明扼要。文字为瘦长形，笔画横画粗、竖画窄，别有一种敦厚的特色。在布局中两个字左右均分正方形印面，上下留红边，而左右依文字笔画作破边处理，显得浑厚老辣。整体印章给人浑然简洁之感，是一枚富有特色的个人版权印记。

94 俞平伯

俞平伯（1900—1990），名铭衡，字平伯，以字行，浙江德清（今湖州市）人，出生于江苏苏州。古典文学研究专家、诗人，新文学运动初期的诗人，中国白话诗创作的先驱者之一。著名红学家，与胡适并称"新红学派"的创始人。曾任上海大学、燕京大学、北京大学、清华大学教授。新中国成立后，任北京大学教授、中国社会科学院文学研究所研究员，九三学社中央委员。著有《燕知草》《西还》《古槐书屋词》《红楼梦辨》（后改名《红楼梦研究》）《读诗札记》《忆》等。

版权证考： 俞平伯的版权证所见有两种。

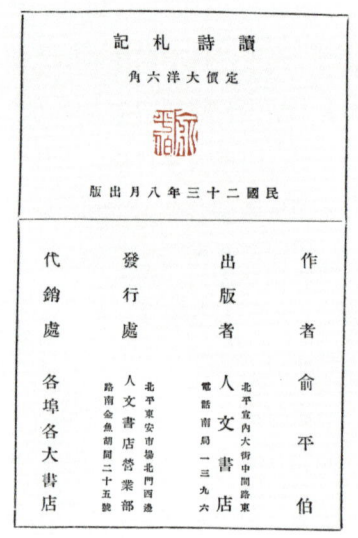

图 94-1 1934 年北平人文书店出版俞平伯《读诗札记》版权页

一见于 1934 年北平人文书店出版的《读诗札记》（初版），版权页版权声明处钤盖其印章一枚，印文为篆书"俞平伯"。印文分朱、白文两部分，白文为"俞"，朱文为"平伯"。另有一种，印文亦分为朱、白文两部分，白文部分为篆书"平伯作"，朱文部分为两个相交的圆，意为"印"。此印多用于线装书，如开明书店 1930 年出版的《燕知草》、1925 年朴社出版的《忆》、1924 年亚东图书馆出版的《西还》以及 1948 年影印出版的《遥夜闺思引跋语》。

图 94-2 版权印
尺寸：13mm×13mm

释文： 俞平伯

印章赏析： 此书中俞平伯的著作版权印别有韵味，为半阴半阳篆文红印，印文从右至左，从上到下，为"俞平伯"三字。"俞"字粗笔阴刻于印面右半边，"平伯"二字上下排列，细笔朱文阳刻于印面左半边，笔画方圆相济，布局朱白相宜，无边栏，笔画粗细对比切边栏内外，姓名阴阳开合界印面之中，无边胜有边，入古出新意。俞平伯出入于古典与现代之间的境界由此印可窥见一斑。

95　郁达夫

郁达夫（1896—1945），名文，又名萌生，字达夫，以字行，浙江富阳人。现代著名小说家、散文家、诗人，革命烈士。日本东京帝国大学毕业，获经济学学士学位。曾任北京大学讲师，武昌师范大学、广东大学、广东中山大学、安徽大学教授，浙江省政府、福建省政府参议，国民政府军委会政治部设计委员。抗战期间，赴新加坡宣传抗日，任新加坡华侨抗敌委员会执行委员、新加坡文化界抗日联合会主席。1945年被日军杀害。新中国成立后，被中央人民政府追认为革命烈士。著有《达夫全集》《日记九种》《沉沦》《迷羊》《忏馀集》等。

版权证考： 郁达夫的版权证仅见一种。见于早期北新书局、开明书店、天马书局等出版郁达夫著作的版权页。郁达夫的版权证为自制印的版权票。票面通体蓝色。票面图案主体为一儒士像，票面左下印有"郁达夫著作之印"，左上角为一方形空处，钤盖郁达夫手章一枚，朱文，印文为篆书"郁达夫印"。此版权证见于北新书局出版的《日记九种》《达夫全集》以及天马书局出版的《忏馀集》等书。

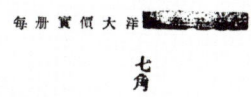

图 95-1　1930年北新书局出版郁达夫《达夫全集》版权页（版权票原为蓝色）

图 95-2　版权印
尺寸：10mm × 10mm

释文： 郁达夫印

印章赏析： 此书中郁达夫的著作版权证比较别致，由版权票与版权印两部分组合而成。版权票是一幅装饰性的人物版画，图中黑色皮肤的人物宽袍大袖，向左倾身前行，颇有褒衣博带之风，人物手臂上抬处接引有白色窗框，为钤盖版权印巧留空间，其间所钤的版权印为阳文变体篆字朱印方章，印文右起从上到下，从右至左，为"郁达夫印"四字，印文布局匀称，疏密适中，从印章与版权票相配套的关系中可见作者心思之巧妙。版权票图案对背景墙面与人物服饰做了繁复的装饰性处理，左下角设计有双行小字"郁达夫著作之印"，姓名"郁达夫"与"著作之印"中间也用装饰线隔开，版权票内部的繁密精微与浓重厚实的外框形成强烈的反差，对比醒目，兼具西方洛可可风格与东方个人浪漫主义色彩。

96　袁犀

袁犀（1919—1979），原名郝维廉，少年时自名为郝赫，从事地下抗日活动身份名郝庆桢、郝子健，笔名有玛金、吴明世、梁稻、李无双、袁犀等。1947年更名李克异，后以李克异名行于世。辽宁沈阳人。[①]现代著名作家、翻译家。曾任《粮》（半月刊）编辑，《时事画报》主编。抗战期间，参加共产党领导的地下抗日活动。抗战胜利后，赴晋察冀边区，后随军进入东北。曾任松江省人民政府秘书、科长，桦南县副县长。《哈尔滨日报》副刊主编。1953年后，任工人出版社编辑、《人民铁道》报特派记者、《煤刊》通讯报道组组长、珠江电影制片厂编辑。抗美援朝期间，曾两度赴朝采访。著译有《贝壳》《面纱》《时间》《红裙》《森林的寂寞》《日本电影史》《归心似箭》等。

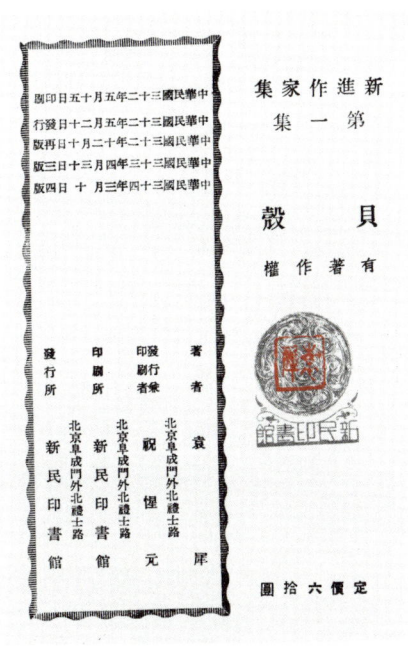

图96-1　1945年新民印书馆出版袁犀《贝壳》版权页（版权票原为绿色）

版权证考： 袁犀的版权证所见有三种，形式为版权票。一见于新民印书馆1943年5月初版和1945年第四版《贝壳》版权页。二见于1945年新民印书馆初版的《面纱》版权页。三见于华北作家协会1944年出版的《森林的寂寞》版权页。三种版权票上的印章相同，唯《贝壳》与《面纱》的新民印书馆的检票设计不同，《森林的寂寞》为贴印。

---

① 袁犀的原名，籍贯在有关文献介绍中多有互异，此处依据李景慈的介绍（见李士非，李景慈，梁山丁 . 李克异研究资料 [M]. 北京：知识产权出版社，2010：3）。

图96-2 版权印
尺寸：12mm×12mm

释文： 袁犀

印章赏析： 此书中他的版权印盖在新民印书馆的专用版权票上，其版权印为阳文小篆体濡朱印，印文为"袁犀"二字，印面尺寸虽然不大，但"袁犀"二字在印面中被进一步缩小，每个字周围都留有舒朗的空间，文字精微而笔画凝练，钤印后有悬针垂露的笔画美感，加之红色方形边栏，呈现出濡朱文字的袖珍美感，"尽精微，致广大"，正如其文学作品《贝壳》之名，小巧可爱，作者的敏感与作品之精致，通过版权印风亦有所流露。

97 张传普

张传普（1902—2004），教名张威廉，后以教名行于世，号微庐，祖籍浙江吴兴，生于苏州。著名德语教育家、文学翻译家。北京大学德文系毕业。曾任陆军大学教官，中央大学副教授。新中国成立后，任南京大学副教授、教授。教育部高等学校外语教材编审委员会委员，中国外国文学学会理事，中国德语文学研究会副会长，中国翻译协会名誉理事，江苏省作协理事，江苏省外国文学学会名誉会长。著译有《德国文学史大纲》《近代名小说述略》《歌德名诗选》《德国名诗100首》《德语分词被动态》《德语语法辞典》等。

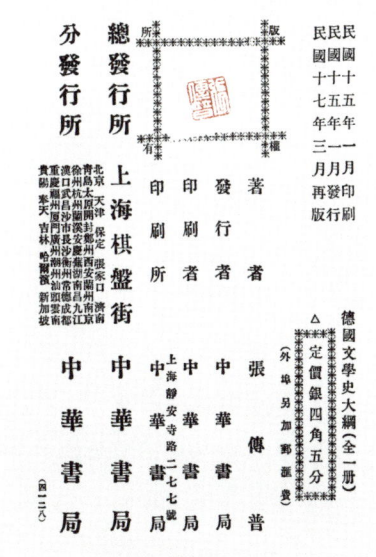

图97-1 1928年中华书局出版张传普《德国文学史大纲》版权页

版权证考：张传普的版权证仅见于中华书局1926年初版和1928年再版的《德国文学史大纲》，版权页版权声明处贴一印章，白文，印文为篆书"张传普"。

图97-2 版权印
尺寸：13mm×13mm

释文：张传普

印章赏析：此书中张传普的著作版权印为满白文篆字印，印文从右至左，从上到下，为"张传普"三字。"张"字占据印面右侧，"传普"二字上下排列占据印面左侧，印文为小篆变体，笔画方整圆润。除了文字大小错落之外，笔画基本上下匀齐，印面文字布局整体匀净，无边栏，右下角作少许破边，使得整体风格简洁明快，有珠圆玉润之感。

98　张世禄

张世禄（1902—1991），字福崇，号锦堂。浙江浦江县人。现代著名语言学家。毕业于国立东南大学。曾任商务印书馆编译所编译员，兼暨南大学、复旦大学讲师，暨南大学、复旦大学、无锡国专、光华大学、云南大学、坪石中山大学、贵阳大夏大学、中央大学、重庆大学等校教授。新中国成立后，先后任南京大学、金陵女子文理学院、华东师范大学、复旦大学教授。著译有《语言学概论》《音韵学》《中国训诂学概论》《中国文艺变迁论》《语言学原理》《中国音韵学史》《中国语言与中国文》等。

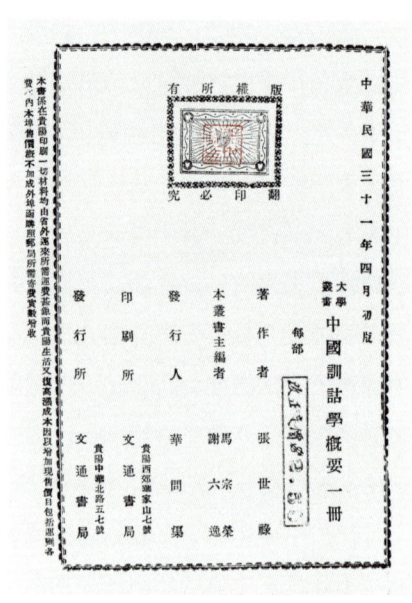

图 98-1　1942 年贵阳文通书局出版张世禄《中国训诂学概要》版权页（检票原为绿色）

版权证考：张世禄的版权证见于贵阳文通书局 1942 年出版的《中国训诂学概要》版权页，版权证形式为版权票。在文通书局检票上钤盖印章一枚，朱文，印文为篆书"张世禄印"。

图 98-2　版权印
尺寸：11mm×11mm

释文：张世禄印

印章赏析：此书中张世禄的著作版权印为阳刻篆体红印，印面较小，文字右起从上到下，从右至左，为"张世禄印"四字。文字在印面空间中以"田"字格方式，均匀分布。文字笔画平直，笔画与边栏都用细朱文，且粗细相同，笔画设计布白均衡，疏朗含蓄，有清秀儒雅之风，钤盖在专用的版权票上更显得含蓄隽永。

99　张寿林

张寿林（1907—？），字任甫，笔名忍父，室号浮翠斋，安徽寿县人。经学家、敦煌学家。燕京大学国学研究院毕业。曾任燕京大学讲师，北京民国学院、河北省立女子师范学院、“新民学院”教授，北京女子师范学院讲师，《世界日报》编辑，杭州私立海潮中学校长等。曾参与编辑《续修四库全书总目提要》。后移居委内瑞拉。著有《李清照评传》《雪压轩集》《论诗六稿》《清照词》《三百篇研究》《续修四库提要稿》等。

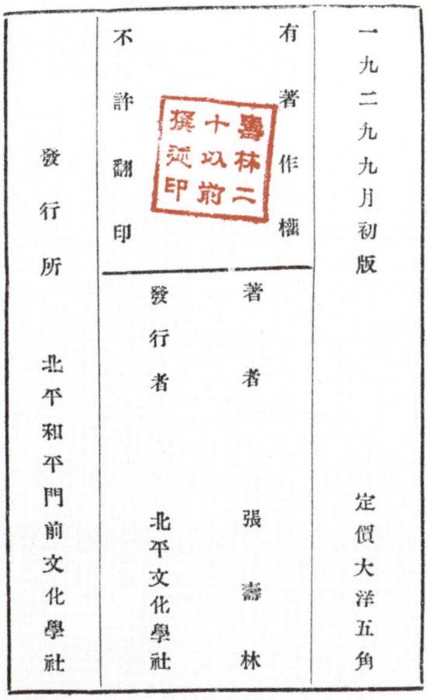
一九二九九月初版
定價大洋五角
有著作權
壽林二十以前撰述印
不許翻印
著者　張壽林
發行者　北平文化學社
發行所　北平和平門前文化學社

图 99-1　1929 年北平文化学社出版张寿林《论诗六稿》版权页

版权证考：张寿林的版权证所见有两种。一见于 1929 年北平文化学社出版的《论诗六稿》，版权页版权声明处钤盖印章一枚，印文为隶书“寿林二十以前撰述印”，紫色。二见于文化学社 1927 年出版的《雪压轩集》，版权页版权声明处钤盖其手章一枚，方形，朱文，印文为篆书“张寿林印”。

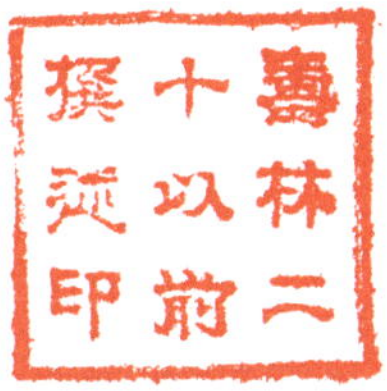

图 99-2　版权印（原为紫色）
尺寸：15mm × 15mm

释文：寿林二十以前撰述印

印章赏析：此书中张寿林的著作版权印为阳文隶书紫印，印文右起从上到下，从右至左，为“寿林二十以前撰述印”九字，印面文字较小，字间距开阔疏朗，正方形边栏较粗，无破边，识别性与实用性很强。

100 张西堂

张西堂（1901—1960），本名张正，字西堂，以字行，湖北汉川人，生于武昌。著名经学家。曾任北平师范大学、民国大学、贵州大学，广东勤勤大学教授，中国史学会候补理事。1944—1960年任西北大学教授。张西堂经学功底深厚，以《穀梁真伪考》一书而闻名经学界，被黎锦熙称为"公羊卖饼家"（公羊卖饼家为专治儒家经学者谑称，朴学大师马一浮曾自称"任呼茂叔穷禅客，早判公羊卖饼家"）。1938年罗根泽编《古史辨》第六册出版，其作序者二人：一为著名哲学家冯友兰，另一人便是张西堂。著有《诗经六论》《穀梁真伪考》《尚书引论》《唐人辨伪集语》《王船山年谱》《王船山学谱》等。

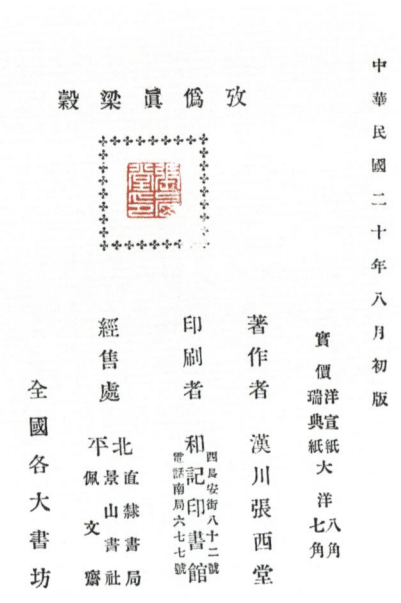

图 100-1　1931 年北平和记印书馆出版张西堂《穀梁真伪考》版权页

版权证考：张西堂的版权证见于 1931 年北平和记印书馆印行的《穀梁真伪考》（初版）。版权页贴有其手章一枚，白文，印文为篆书"张西堂印"。

图 100-2　版权印
尺寸：13mm×13mm

释文：张西堂印

印章赏析：此书中张西堂的版权印为阴刻白文篆字印，印文从右至左分两列，文字自上而下排列为"张西堂印"四字。印中文字均匀分布，笔画粗细匀净，有汉印遗风，借笔画横平竖直之势，在印面中心形成了十字朱线，既是视觉中心，又可视为界格，呈现出严谨细腻的平实风格。从版权印笔画之严密亦能感受到其治学严谨的态度。

101　赵兰坪

赵兰坪（1898—1989），浙江嘉善人。民国时期著名的经济学家。日本庆应大学经济学学士。曾任国立上海商学院、暨南大学、中央大学、中央政治大学教授，中央银行经济处专门委员。国民党中央候补监察委员、中央监察委员。著译有《经济学》《日本对华商业》《近代欧洲经济学说》《中国哲学史》等。

版权证考：赵兰坪著作颇丰，然而，其版权证唯见于1925年国立暨南学校出版部出版的《中国哲学史》版权页，在"编译者赵兰坪"下方，钤盖赵兰坪椭圆形印章一枚，朱文，印文为篆书"兰坪"。

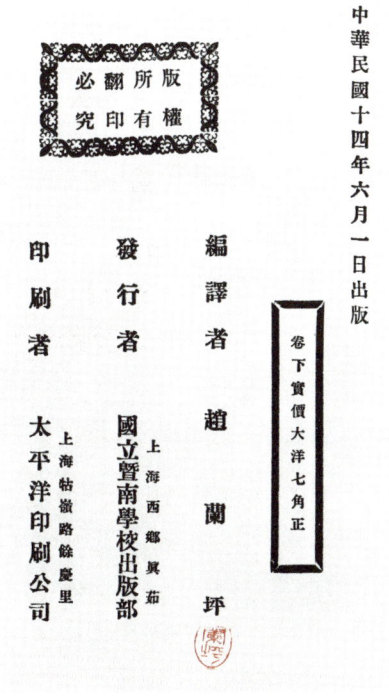

图 101-1　1925 年国立暨南学校出版部出版赵兰坪《中国哲学史》版权页

图 101-2　版权印
尺寸：9mm×12mm

释文：兰坪

印章赏析：此书中赵兰坪的著作版权印为阳刻小篆体椭圆形红印，印文从上至下排列，为"兰坪"二字。印面文字整体为方形竖排，上下均匀分布，文字形体为小篆风格并作笔画延伸处理，笔画纤细而匀净。椭圆形边框粗细与印文相同，边框与印文之间左右留有空白气口，具有雅致的装饰效果。从阳文边框与文字笔画在质感上细腻且均无残破的情形来看，这枚制作版权印的材质很有可能不是传统印石，而应用牙角材质的可能性极大，这对刊刻也提出较高要求。以此可见赵兰坪对此枚版权印的珍重。

102 赵文锐

赵文锐（1888—1933）[①]，字德华，浙江省嵊县（今嵊州市）人。杭州府中学堂毕业，入清华学堂学习。1911年第三次庚子赔款留美学生。美国哥伦比亚大学政治学学士[②]。1917年回国，先后任国立武昌高等师范学校、国立北京政法大学、朝阳大学、盐务学校教授。中国经济学社第三、四届理事。北洋政府财政部主事，南京国民政府苏州海关监督、杭州海关监督兼外交部特派浙江交涉员。著译有《中国之问题》《近世商业史》《统计学原理》《中国商业史》等。

版权证考： 赵文锐的版权证见于1924年中华书局出版的《中国之问题》（初版），其形式为版权票。版权票紫色，票面四周饰以卷草纹样，中间为篆书"赵文锐"。

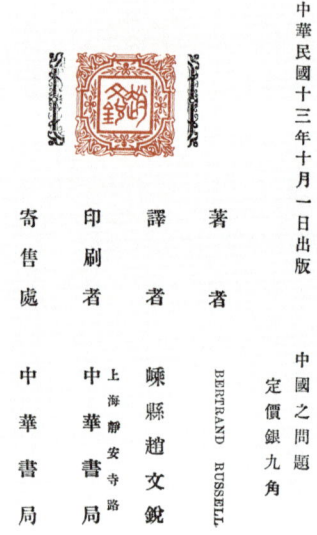

图 102-1 1924 年中华书局出版赵文锐译《中国之问题》版权页

① 赵文锐的生年，有不同说法。根据宣统三年（1911）六月清廷《第三次遣派游美学生姓名、年岁、籍贯清折》所记载，当年赵文锐21岁，应为1890年出生。1917年回国后，赵文锐于1919年参加北洋政府高等文官招聘考试。根据北洋政府《1919年文官高等考试录取名单》记载，该年赵文锐为33岁，其出生年应为1886年。根据1931年上海良友图书印刷公司出版的樊荫南《当代中国名人录》（初版）记载，赵文锐该年为43岁，其应生于1888年。当年招考庚子赔款留学生时，因有年龄限制，疑赵文锐有隐瞒实际年龄之嫌。著名物理学家方光圻为1898年出生，按《当代中国名人录》所记，方光圻年33岁，是以此书完成的时间为1931年。此处赵文锐的出生年以《当代中国名人录》记载为准。赵文锐卒年，据胡适在1934年3月4日《大公报》发表《公开荐举议》一文中讲，"亡友赵文锐先生，他从美国留学回来，不顾朋辈非笑，决心去应北京政府的高等文官考试"，赵文锐在1933年或已亡故。

② 关于赵文锐在美就读大学，清华史料和《当代中国名人录》皆称其毕业于哥伦比亚大学，而与赵文锐同为第三次庚子赔款留学生的卫挺生却讲赵文锐毕业于哈佛大学［见卫挺生回忆文章《清末民初留美九年（二）》，台湾《中外杂志》17卷5期，1975年5月，65页］，此处依据清华说。另外，清华史料称赵文锐取得学士学位，《当代中国名人录》称其取得硕士学位，此处依据清华说。

图 102-2　版权票（原为紫色）
尺寸：35mm×35mm

释文：赵文锐

印章赏析：此书中赵文锐的著作版权证非常别致，是一枚兼具版权票与版权印特征的紫色的版权印票。它是提炼了印章文字图案，经专业人士设计整合而成的特殊标志。这枚版权票的四周是当时新艺术运动时期国际上流行的卷草纹样，而用来分割卷草纹样的则是中国古建筑城门楼大屋顶图案，翻译者的方形印章居于中间，整体看上去就像是俯瞰一座城池，而这座城池的中心，就是宽边阳刻篆体印文"赵文锐"三字，印面开阔，文字排列从右至左，从上到下。右侧为一个"赵"字，左侧是上下错落排列的"文锐"二字，字体来自钟鼎铭文，三个文字聚在印面的正中间，文字周围大量布白，从外至内形成有韵味的疏密对比节奏，卷草纹饰的动态又与金石铭文的静态形成视觉上的动静对比，既有西方羊皮书花体字的装饰活力，还具有东方书法铭文的凝重感，这显然是译者会通东西方文化后的一种表征。这枚版权印票起到了东西方文化碰撞融合后的美学示范作用。

103 贞社

社史不详。所见主要出版物有《春秋总论初稿》《九一八后东北与日本》《世界史之地理因素》《世界之动向》等。

1912 年，黄宾虹、宣哲等人在上海成立贞社，其性质为美术出版机构。此贞社位于杭州，与前者并无关联。

版权证考： 贞社的版权证见于该社 1935 年初版的《春秋总论初稿》和《世界史之地理因素》，版权页版权声明处钤盖印章一枚，朱文，印文为篆书"贞社"。

图 103-1　1935 年贞社出版毛起《春秋总论初稿》版权页

图 103-2　版权印
尺寸：25mm×25mm

释文： 贞社

印章赏析： 此书中不盖著作者版权印，而钤盖贞社的版权印，其版权印为阳文籀篆变体朱印，印面尺寸较大，书籍版权页内专门留有加盖版权印的大空间栏框，想必是为大版权印而度身定制的。书籍版权印印文为"贞社"二字，印文二字从右至左排列，文字设计笔画简约而错落有致，笔笔匀净细直，视觉刻画醒目，外饰古拙的粗线条边框，刻意对比出细直笔画的内文，印章用钟鼎文的金石韵味从视觉形态上直观地诠释出"贞社"的文化理念。

104 中国教育工会上海市委员会

中国教育工会上海市委员会1950年5月成立。著有《学校中的政治思想教育》《新民主主义论教程纲要》《新民主主义论学习资料》《从各方面看美帝》等。

版权证考：中国教育工会上海市委员会的版权证见于棠棣出版社1951年1月初版和1951年2月再版的《从各方面看美帝》，在版权页上部空白处贴有中国教育工会上海市委员会版权章，印文为楷书"中国教育工会上海市委员会出版之章"。该版权章对新中国成立后党和政府重视版权保护的研究，有着积极的现实意义。

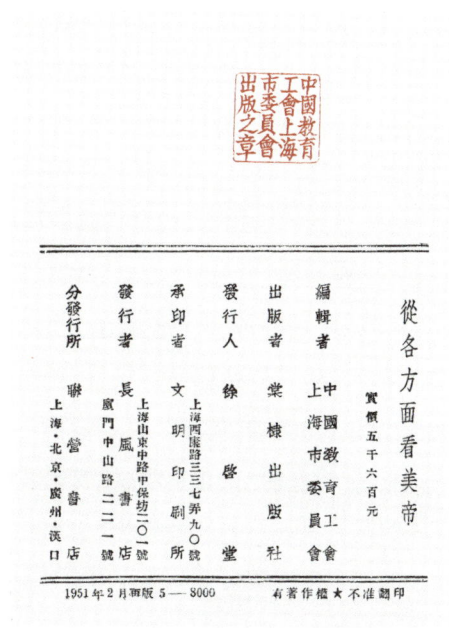

图104-1 1951年棠棣出版社出版中国教育工会上海市委员会《从各方面看美帝》版权页

图104-2 版权印
尺寸：19mm×19mm

释文：中国教育工会上海市委员会出版之章

印章赏析：中国教育工会上海市委员会的版权印为阳文宋体方形红印。印面文字从右至左分为四列，每列自上而下又分为四字，印文为"中国教育工会上海市委员会出版之章"十六字。印面文字瘦硬、清润，布局疏朗、匀净。印章边栏也仿木刻书版的朱丝栏设计，细致流畅，对印面文字有疏导作用，使得文字多而不烦乱。印章风貌统一呈现为典型的宋板书刻本风格。由此可见，中国教育工会上海市委员会对于书籍历史方面的溯源之情。

105　中华全国文艺协会

中华全国文艺协会（1945—1949），成立于 1945 年 10 月，其前身为抗战时期的"中华全国文艺界抗敌协会"。1949 年中华文学艺术界联合会成立后停止活动。

版权证考：中华全国文艺协会的版权证见于春明书店出版的《现代作家文丛》，版权页"版权印花"处钤盖"中华全国文艺协会总会"印。印色有红、紫二色，应为印次不同而区分，如该出版社 1948 年出版的《文丛》第三集《茅盾文集》，版次、出版年月相同，有红、紫二色。

另见于 1948 年 6 月春明书店初版该《文丛》第一集《鲁迅文集》，"版权印花"处贴有该印，红色，印文漫散。此书版权页有钤、贴印

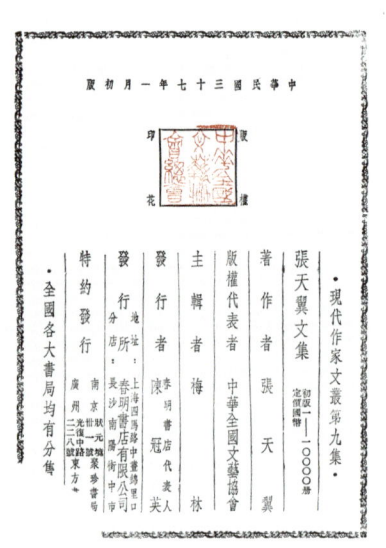

图 105-1　1948 年春明书店出版张天翼《张天翼文集》版权页

者。《鲁迅文集》作为该《文丛》第一集，出版时间为 1948 年 1 月，钤盖红色"中华全国文艺协会总会"印。据此判断，1948 年 6 月的版本为盗版。

该《文丛》各集版权页，有"版权代表者 中华全国文艺协会"字样，说明中华全国文艺协会不是版权所有者，只是版权代理者。民国时期的《著作权法》中并无版权代理内容，这为研究民国时期版权代理制度提供了依据。

图 105-2　版权印
尺寸：25mm×25mm

释文：中华全国文艺协会总会

印章赏析：中华全国文艺协会总会的版权印为阳文篆体方形红印。印面文字从右至左分为三列，右列自上而下均分为"中华全国"四字，中列自上而下均分为"文艺协"三字，左列自上而下均分为"会总会"三字。印文共为十字。印面文字为仿手写小篆体，艺术性强。文字笔画细致匀净，布局错落有致。在设计上，注重字里行间的布白与笔画穿插关系，使得印面繁而不乱，是一枚兼具艺术个性与文化特色的版权印记。

106　中央通讯社

中央通讯社（1924—　），1924年创办于广州，社址位于中山东路75号。中央通讯社是国民党中央设立的新闻机构，全称为"中国国民党执行委员会宣传部通讯社"。简称为"中央社"。1927年迁到南京，抗战前该社在上海、北平、天津、西安、汉口、香港等地设有分社。1949年后迁至台湾。

版权证考：中央通讯社的版权证仅见于1947年初版《美苏外交秘录》，版权声明处贴有该社印章，朱文，印文为篆书"中央通讯社章"。

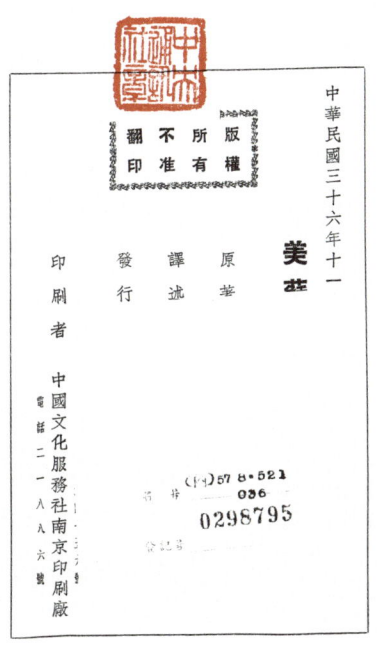

图106-1　1947年中央通讯社总社出版贝尔纳斯《美苏外交秘录》版权页

图106-2　版权印
尺寸：27mm×27mm

释文：中央通讯社章

印章赏析：中央通讯社的版权印为阳文大篆体方形红印。印面文字从右至左分为三列，每列自上而下均分为两字，印文共为"中央通讯社章"六字。印面文字为大篆书体，布局多取平直匀净，在"中"字下方留有布白气孔，增加了章法变化上的活力。文字笔画线条直多曲少，率直有力，线条的质感为治印时冲刀痕迹，增强了金石趣味。文字四周边栏厚重粗犷，边栏质感与文字线条相同，四角自然收圆，进一步呈现出古老厚重的金石韵味。在此枚印章的设计上能够体现出中国特有的文字美感与慕古情怀。

107　中原书店

中原书店（北平 1936—1958），1936年创办，店址位于北平东安市场。主要经营中、西文旧书。在经营旧书时，还出版翻译的外国书籍，在北平颇有盛名。1958年公私合营为中国书店。此中原书店与上海中原书店、西安中原书店无关联。

版权证考：北平中原书店的版权证仅见一种，朱文，版权印印文为篆书"中原书店图书"。此印见于该书店1934年初版的《汉译新中国》《汉译温氏高中三角法题解》，1936初版的《英文葛斯朗三氏微积分解答》和再版的《达夫物理学习题解答》等书。

图107-1　1934年中原书店出版GRAYBILL（葛瑞布）《汉译新中国》版权页

图107-2　版权印
尺寸：13mm×13mm

释文：中原书店图书

印章赏析：中原书店的版权印为阳文篆字方形红印。印面文字从右至左分为三列，每列自上而下均分为两字，印文共为"中原书店图书"六字。印面文字仿照玺印文字设计，端庄雅正，布局匀净疏朗。文字线条细腻莹润，笔画横平竖直，笔画转折处略微收圆，显得精雅高贵。文字四周边栏仿照玉玺的宽边设计，与内部文字形成强烈的朱白对比，给人以庄重平和之感。在此枚印章的设计上能够展现出中国玺印文化的利用与延伸。

108　周作人

周作人（1885—1967），原名櫆寿（后改为奎绶），字星杓，号知堂、药堂等，笔名有岂明、仲密等。浙江绍兴人。中国现代著名散文家、文学理论家、翻译家、诗人。曾任北京大学、燕京大学教授。"新潮社"主任编辑、《语丝》主编和主要撰稿人。著译有《欧洲文学史》《中国新文学的源流》《自己的园地》《希腊神话》等。

版权证考： 周作人的版权证所见有七种。一见于 1919 年商务印书馆出版的《欧洲文学史》（再版），版权页贴有版权票一枚，版权票设计如邮票，四周花饰，票上方印有篆书"著作权之章"，下方印"北京大学"，中间钤盖长方形印章一枚，朱文，印文为篆书"周作"

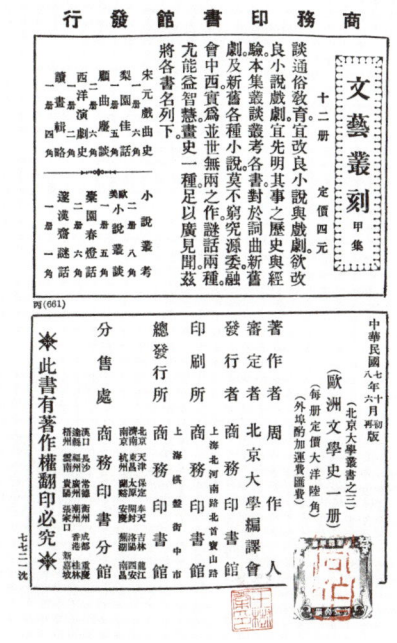

图 108-1　1919 年商务印书馆出版周作人《欧洲文学史》版权页（版权票原为褐色）

二字。此版权票的设计完全抄袭日本博文堂版权票样式，只是将博文堂票下边的"博文堂"改为"北京大学"，余则全同。博文堂此票见于明治四十二年（1909）该堂出版的《租税转嫁论》和大正十五年（1926）出版的《实验养鳗法》版权页。

二见于 1915 年北京晨报社发行的《自己的园地》（初版），该书版权页贴有篆书"周作"印一枚。与前印不同的是，该印为白文，印色为蓝色，"周作"二字为左"周"右"作"。

三见于商务印书馆 1918 年出版的《欧洲文学史》（初版），版权票（与再版同）上钤盖印章一枚，长方形，朱文，印文为楷书"周氏"，上"周"下"氏"。

四见于商务印书馆 1924 年出版的《欧洲文学史》（第六版），版权票（与再版同）上钤盖周氏手章一枚，朱文，印文为楷书"周作人印"。

125

五见于 1926 年商务出版《欧洲文学史》(第七版),版权票钤盖印章一枚,朱文,印文为篆书"岂明检印"。

六见于 1941 年天津庸报社出版的《药堂语录》,版权页贴其自制的版权票一枚,票下方印有"药堂语录",中间钤盖篆书"药堂"印,朱文。

七见于北平新民印书馆出版的《书房一角》等书,在新民印书馆检票上钤盖其号印。印圆形,蓝色,印文为阳文行书"知堂"。

图 108-2 版权印
尺寸:12mm×26mm

释文:周作

印章赏析:此书中周作人的著作版权印为阳刻朱文篆书红印,印文从上到下,为"周作"二字,印文为竖长方形,印面文字笔画舒朗,古韵斑驳,《周作人印谱》有收录,为陈师曾所刻,仿汉砖文字,古拙有味。周作人为何有"周作"印?这大概和鲁迅有关联,鲁迅也有"周树"印,盖因他们兄弟三人:周树人、周作人、周建人,名字后都有一个相同的"人"字,版权印"周作"省去"人"字,"作"字可当成著作的"作"字来解释,少了一个字却多了一重涵义,也不失为一种人文趣味。

109 朱应会

朱应会（生卒年不详）[1]，湖南汝城县人。中国早期马克思主义传播者，翻译家。早年留学日本。曾任南洋铁路管理局总务处处长，国民政府铁道部职工教育委员会委员，江西省文化运动委员会第五专门委员会（主管新闻与期刊）委员。抗战胜利后，任行政院赔偿委员会专门委员、赔偿委员会第一组代理副组长。新中国成立后，任暨南大学教授。朱应会翻译的马克思著作，多转译自日文。译有《马克斯之经济概念》《马克斯的伦理概念》《马克斯唯物论历史理论》《马克斯民族社会及国家概念》《俄罗斯的革命经过》《世界文学大纲》等。

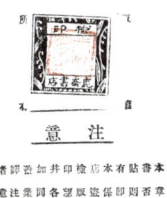
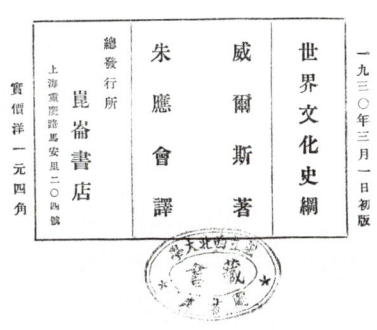

图 109-1 1930 年昆仑书店出版朱应会译《世界文化史纲》版权页（检票原为蓝色）

版权证考： 朱应会的版权证所见有两种。一见于昆仑书店 1930 年初版、1931 年再版的《世界文化史纲》的版权页，版权证形式为版权票，其手章钤于昆仑书店检票上。二见于 1929 年昆仑书店初版的《世界文学大纲》，版权页版权声明处贴有其手章一枚。二者为同一手章。

图 109-2 版权印
尺寸：18mm×18mm

释文： 朱应会印

印章赏析： 此书中朱应会的著作版权印钤在四周打孔的昆仑书店检票上，版权印为阳刻篆书红印，印文右起从上到下，从右至左，为"朱应会印"四字。印面文字均匀布局在方章之内，文字笔画方多圆少兼有疏密对比，边栏较粗与文字笔画反差较大，无破边，印文规整平和。

---

① 1985 年尚健在。

110 卓宏谋

卓宏谋（1884—1961），又名卓博公，字本愚，又字君庸，斋号养和书屋，晚年号巴园老人，福建闽侯人。著名蒙古学家、画家。清末工科举人，北京大学工学院毕业。曾任总统行辕秘书，工商部技士、技正，《农商公报》编辑处处长，京汉、京绥铁路局专员，中华总商会执行委员，印刷工会副主席，通县农工银行行长，北平市参议会代表，中华工程师学会交际股主任。新中国成立后，任福建省会馆财产管理委员会副主任，全国自然科学工作者代表大会代表，北京市文史研究馆馆员。卓宏谋为民国时期名人，其交往者亦多名人，计有陈衍、郑孝胥、傅增湘、樊增祥、陈宝琛、熊希龄、冒广生、陈立夫、孙科等。著有《蒙古鉴》《绥远的富藏》《中国历史年表》《南洋群岛游记》《中西年历表》《菊谱》《自青榭酬唱集》等。

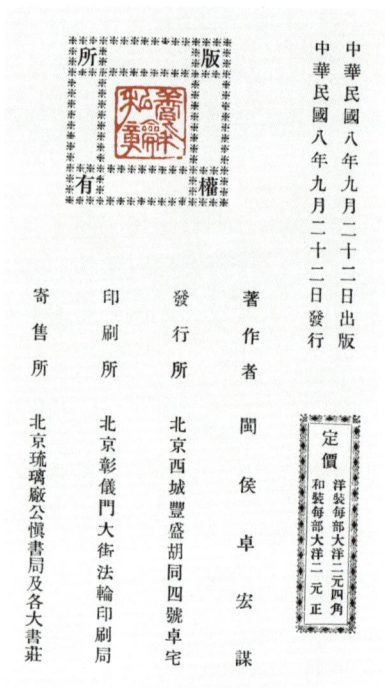

图 110-1　1919 年卓宏谋自刊出版《蒙古鉴》版权页

版权证考：卓宏谋的版权证所见有三种。一见于 1919 年卓宏谋自刊初版的《蒙古鉴》，版权页版权声明处钤盖印章一枚，朱文印文为篆书"养和私章"。二见于 1923 年其自刊第三版的《蒙古鉴》，版权声明处钤盖其手章一枚，白文，印文为篆书"卓宏谋印"。三见于 1935 其自刊第四版《蒙古鉴》，版权页版权声明处盖有椭圆印章一枚，蓝色，印文楷书，印文分上、中、下三部分，上为"卓宏谋"，中为卓氏英文名"H.M.Tsoh"，下为"本愚，一字君庸"。

图 110-2　版权印
尺寸：20mm×20mm

释文：养和私章

印章赏析：此书中卓宏谋的著作版权印是阳文变体篆字朱印，印文为"养和私章"四字，"养和"二字取自作者的斋号"养和书屋"。印文按照字的繁简，做了变形设计，其设计目的是通过让字的笔画形成穿插对比，从而构成拟调和的韵律节奏，有意识地将"养"与"私"的笔画斜倾延长至边栏，造成上升感，使古文字的排列组合产生了新意，可谓匠心别具之作，从此角度，也能反映出卓宏谋汲古求变的思想意识。

111　作新社

作新社（1902—?），由戢元丞与日本著名女诗人、教育家下田歌子合资创办于上海（一说 1899 年创办于东京，在上海、扬州设分社，1902 年迁回国内），主要是为孙中山革命活动筹集资金而设。初期主要出版戢元丞和同伴在留日期间所写、译的著作，后来又出版优秀的外国作品，介绍西方先进的历史发展、经济、法律著作。

版权证考： 作新社的版权证仅见一种，为版权印形式。印章方形，朱文，印文为篆书"作新社印"，此印多见于光绪末年该社出版的图书。所见有光绪二十八年（1902）初版、光绪二十九年（1903）阴历四月再版的《白山黑水录》，光绪二十九年（1903）再版的《日本维新三十年大事记》，

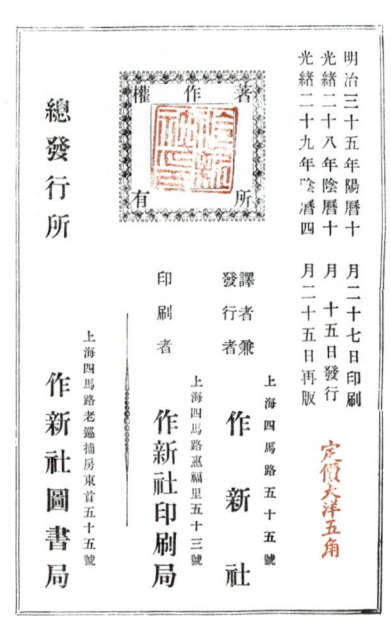

图 111-1　1903 年作新社出版该社翻译的《白山黑水录》版权页

光绪三十一年（1905）初版的《租税论》，光绪三十年（1904）第七版的《世界地理》等书。作新社版权证对研究我国近代版权保护情况有着重要的史料价值。

图 111-2　版权印
尺寸：23mm×23mm

释文：作新社印

印章赏析： 作新社的这枚版权印章为阳文篆体四字方印。印文依田字格均分印面，印文右起自上而下、从右至左为"作新社印"四字。印面文字字体虽为篆书，但横平竖直，尤以方正为特点，文字笔画较粗且上下左右排布匀齐、规整。外框的粗细和线条质感与文字相同，融合为一种细腻回环的图案感，细看有如迷宫，是一枚巧妙利用文字特点形成装饰趣味的特色版权印。

后 记

一元复始，万象更新。《西北大学藏民国版权证图录》即将付梓，喜悦之情油然而生。

2017年，学校提出要"做好图书馆、档案馆、博物馆'三馆联动'工作，发挥好'校本资源'的育人功能。"如何开展联动让我殚精竭思。

机缘巧合，2018年的一天，我偶遇图书馆的刘卫武老师，闲聊之中找到了共同话题。之后，我们又商谈具体合作事宜。经过深入交流，达成共识，认为开展此项工作具有重要意义。同时，困扰我几年的问题也有了明晰的答案，那就是档案馆与图书馆进行学术合作，是双方联动的绝佳方式。

2019年7月10日，与图书馆贾希鸣副馆长联系，通报工作进展；7月13至14日，完成所需书籍的挑选、搬运、扫描工作；11月27日，档案馆将"与图书馆合作编写并出版《西北大学藏民国版权证图录》"写进2020年工作设想。

2020年4月20日，档案馆将"与图书馆合作编写并出版《西北大学藏民国版权证图录》"正式列入2020年目标任务之一；10月30日，落实出版经费；11月8日，开始修改第一稿。

2021年7月5日，完成第二稿修改工作；10月25日，完成第三稿修改工作并将书稿送出版社；11月完成所需要的全部图片的重新扫描工作和替换图片工作。

该书是档案馆和图书馆联动的标志性成果，是集体智慧的结晶。

该书分工如下：王旭州同志负责项目的策划、实施、协调、统稿工作；贾希鸣同志负责图书资料的组织、协调工作；刘卫武同志负责该书的总体方案设计、书目挑选工作，负责撰写凡例、前言、证主简介及版权证考部分；张辉同志负责撰写印章赏析部分，并设计版权票和书名页；刘亮同志负责撰写释文部分。编写组全体同志以高度的责任心和使命感，齐心协力、相互配合，克服重重困难，按期保质完成各自承担的任务。感谢大家的辛勤劳动。

在该书的编写和出版过程中，西北大学原校党委常委、总会计师张增芳，财务资产部部长任君瑞给予大力支持；西北大学图书馆王嬿、李琪、李笔浪、李军亮、刘利、曹斌、王丹等同志，西北大学档案馆邵婧、杜茹娟、孙可佳、赵嘉文等同志给予有益的帮助和支持；西北大学出版社常务副总经理桂方海积极解决相关问题，责任编辑褚骊英同志付出了辛勤的劳动，泽海同志设计了非常漂亮的封面。对大家的辛苦付出和大力支持，我们表示诚挚的感谢！

从该书策划开始，我们就树立了质量意识和精品意识，并将这种意识贯穿始终。但由于水平有限，该书肯定存在这样或那样的问题或不足，还望大家提出宝贵的意见、建议，以便在今后修订时得以改进和完善。

2022 年 10 月 15 日是我校建校 120 周年纪念日，谨以此书献给西北大学建校 120 周年！

衷心祝愿母校明天更美好！

王旭州

2022 年 1 月 8 日